자기계발 절대로 하지 마라
그 대신 이건 꼭 해라

프로자기계발러의 뼈 때리는 현실조언

안지현 저

자기계발 절대로 하지 마라, 그 대신 이건 꼭 해라
: 프로자기계발러의 뼈 때리는 현실조언

초판 1쇄 인쇄 2022년 10월 16일
초판 1쇄 발행 2022년 10월 26일

저   자 안지현
총괄기획 변문경
책임편집 문보람
디 자 인 디자인다인 이시은, 오지윤
인   쇄 영신사
종   이 세종페이퍼
홍   보 박연재, 박정연
제   작 박종훈, 박정연
제작/IP 투자 ㈜메타유니버스 www.metauniverse.net
펴 낸 곳 스토리피아, 다빈치books, ㈜메타유니버스
출판등록일 2021년 12월 4일
주   소 서울특별시 중구 청계천로 40, 14층 7호
             서울특별시 서초구 강남대로 359
팩   스 0504-393-5042
전   화 070-4458-2890
출판 콘텐츠 및 강연 관련 문의 master@storypia.com

ⓒ안지현, ㈜메타유니버스 스토리피아, 2022
ISBN 979-11-86742-67-9

* 파본은 구입하신 곳에서 교환해드립니다.
* 본 책의 본문 일부를 인용하는 경우에는 반드시 참고도서로 본 책의 제목과
  출판사를 기재해주시기 바랍니다.
* 저자의 강연 요청은 이메일을 통해서 가능합니다.

자기계발 절대로 하지 마라
그 대신 이건 꼭 해라

프로자기계발러의 뼈 때리는 현실조언

지은이

안지현

닥치는 대로 배우는 프로자기계발러였다.
현재는 절제된 배움을 실천하며 '자기다움'을 만들어 가고 있다.
저자는 18년 차 경찰공무원으로 안정된 직업을 가졌음에도 늘 불안했다. 수년간 일과 육아 그리고 자기실체가 빠진 삶과 마주하게 되었다. 두려웠고 허망했다. 거대한 조직 속에 참을 수 없이 가벼워진 자신의 존재를 되찾기 위해 매달린 자기계발에서도 타인의 존재를 빛나게 하는 조연에 불과하다는 사실을 깨달았다. 그래서 멈췄다. 그리고 생각했다.
'나는 왜 배우는가?'
배움의 열정이 '불안'에서 시작된 것임을 인지한 그녀는 불안을 부추기는 세상의 허울들로부터 자신을 지키기로 했다. 자신을 너무나 사랑하기에 진정으로 자기 삶을 살고 싶은 동시대 우리의 '나'를 위로하고 응원하고자 이 책을 집필했다.

이메일: anwriter2022@naver.com

목차

프롤로그 ·· 008

제1장   수용: 자기계발 지옥 ······························· 013
  01. 열심히 산다는 말이 불편해지기 시작했다 ······· 015
  02. 자기계발 과잉 주의보 발령 ····························· 019
  03. 자기계발 번아웃에 걸린 사람들 ····················· 023
  04. 가족은 죄가 없다 ·· 030
  05. 얼마면 되겠니? ··· 037
  06. 도둑질 빼고 다 배워라 ··································· 042
  07. 나는 왜 배우는가? ·· 047
  08. 인생 공부는 방법이 좀 달라야 하지 않을까? · 053

제2장   분투: 무엇이 나를 내모는가? ····················· 057
  01. 매일 신문을 읽으면 세상을 읽을 수 있을까? · 059
  02. 해빗 트래커(Habit Tracker)의 함정 ·············· 064
  03. 독서는 게으른 도피일지도 모른다 ················· 069
  04. 무언가 하지 않으면 뒤처진다는 기분 ············ 075
  05. 불안 ··· 080
  06. 나를 움직이게 하는 힘 ··································· 086
  07. 돌고 돌아 결국 그 자리 ································· 090
  08. 진짜 중요한 게 빠졌다 ··································· 096

제3장 각성: 답은 내 안에 있다 ·············· **101**
  01. 절대적 믿음 ·· 103
  02. 힘 빼기 ··· 109
  03. 속지 말자 ·· 114
  04. 진짜 자기계발일까? ······································ 120
  05. 학습보다 자습 ··· 127
  06. 알면 사랑하게 된다 ······································ 132
  07. 온라인 거리두기를 결심했다 ······················· 138
  08. 인정, 수용 ·· 143

제4장 집중: 채움보다 비움 ·························· **149**
  01. 자기계발보다 자기관리 먼저 ······················ 151
  02. 마이너스 사고법 ··· 156
  03. 생긴 대로 살아도 된다 ································ 161
  04. 결핍이 고마운 이유 ···································· 166
  05. 쓸모없는 경험은 없었다 ······························ 171
  06. 날 위해 해줄 수 있는 것 ······························ 175
  07. 저세상 열정이 아니라면 ······························ 180

제5장	도약: 당당한 내 인생에 축배를 ·················	185

01. 소신껏 살자 ··· 187
02. 나는 누구인가? ··· 193
03. 욕망을 거스르지 말자 ································· 197
04. 본진부터 튼튼히 ··· 202
05. 내 인생의 기똥찬 순간, 만들어보자! ············· 209
06. 지금, 여기 그리고 나 ································· 215
07. 나를 상상하라! ·· 219
08. 이토록 소중한 내 인생이다 ························· 224
09. 이건 꼭 해라! ·· 230

에필로그 ·· 241

프롤로그

여기 한 사람이 있습니다. 그는 매일 새벽 5시 전에 일어나 명상(Meditation)을 하고 조간신문을 읽습니다. 책상 한쪽에는 자기계발을 위한 책이 탑을 쌓고 있으며, 출근 전까지 읽고 메모하고 감탄하고 반성합니다. 새벽 기상(미라클모닝), 부동산, 재테크 강의까지 빼곡하게 채워진 자기계발 과목은 출근 직전까지 빈틈이 없습니다.

오늘도 무언가를 했다는 마음에 가슴이 꽉 찬 느낌이 듭니다. 왠지 이기고 시작한 듯한 기분, 남들보다 앞서가고 있다는 기분이 듭니다. 그렇게 그는 하루하루 지칠 줄 모르는 의욕을 앞세우고 살아갑니다.

어느 날, 여느 때와 다르지 않은 새벽이었습니다. 두근대던 새벽 기상의 설렘도, 자기계발에 대한 열정도 어제와 같지 않았습니다. 당혹스러웠습니다. '시간과 경제적 자유'라는 한 문장에 몸과 정신을 짜내 갈아 넣은 시간이 송두리째 흔들렸습니다. 이 열정이야말로 언제까지나 그를 뜨겁게 할 원자로라고 생각했습니다. 곁에는 같은 에너지를 가진 사람들이 있었고, 열정의 풀에 뛰어든 후로 그는 정신을 차릴 '정신'조차 잊은 채 살았습니다.

갑자기 퓨즈가 나가버린 기분. 뭐랄까요, 온통 밝기만 했던 세상이 깜깜해지고, 열정에 불을 지피던 사람들이 감쪽같이 증발해버린 그곳에 홀로 덩그러니 남겨진 기분이 들었습니다. 그게 저였습니다. 메아리가 돌아올 것 같은 허무였습니다. 차차 어둠이 걷히고 가만히 보니, 그제야 아이와 남편 그리고 부모님이 보이더군요. 성장, 성공 그런 게 다 뭐라고 정작 내게 가장 소중한 걸 소홀히 여기던 못난 제가 보였습니다.

'그래, 잘되려고 공부하는 건데' 하고 매번 아내의 공부를 지지해준 남편, '엄마 주말에 또 나가?' 하면서 엄마 없는 주말을 보낼 생각에 벌써 슬픈 아이, '언제 올 거니? 넌 직장 다니는 애가 뭐 그리 맨날 바빠서 한 번을 못 와?' 하고 딸을 그리워하는 부모님.

아! 순간 깨달은 게 있습니다. 저만 계발하는 자기계발은 저를 사랑하는 사람을 외롭게 할 수 있는 것이었습니다. 저에게 필요한 긴 자기계발이 아니라, 사랑하는 이들과 함께 성장하는 일이었습니다.

사람들이 어떻게 그렇게 열심이냐고 부러운 듯 말해 줄 때마다 스스로 잘 살고 있다고 안도했습니다. 그 말을 듣는 게 안심이 돼서 저는 또 달렸습니다. 일하면서 빈틈없이 자기계발에 쏟아내는 열정에 사람들은 탄복했고, 그 반응을 보는 게 황홀했습니다.

그러다 차츰 이 성능 좋은 스포츠카에 문제가 생기기 시작했습니다. 스포츠카는 경기장 밖을 달릴 수 없습니다. 늘 최고 속력을 갱신하기 위해 달리지만, 트랙이라는 자기 세계를 벗어나지 못합니다. 자기계발에 온 힘을 쏟아가면서 제가 진정 얻은 것이 무엇일까를 생각했습니다. 나아가 시간과 경제적인 자유를 쟁취하려던 열정 때문에 잃은 건 무엇인가를 생각하기까지 이르렀습니다.

고백하건대, 어느 순간부터 '열심히'라는 단어는 순수한 자발적 동기에서 해야만 하는 의무감, 타인을 이기고 넘어서려는 단순한 경쟁심 그리고 사람들의 시선을 의식한 가식까지 덧대어진 왜곡된 열정이었습니다.

경쟁적으로 종수를 늘려가는 독서를 하는가 하면, 몸을 살피지 않고 무조건 새벽 4시 기상을 찍어야 직성이 풀렸습니다. 한 번씩 늦잠이라도 자는 날이면 죄의식을 느꼈습니다. 마음을 옥죄는 답답한 기분을 떨쳐내지 못해 명상을 시작했습니다. 열정의 기록을 남기라고 해서 매일 읽고 쓰기를 빼먹는 일도 없었습니다. 시간적 자유, 경제적 자유가 우리 생에서 가장 가치 있는 목표라기에 소액으로 할 수 있는 투자 공부를 물불을 가리지 않고 달려들었습니다. 저는 충분히 열심히 살았습니다.

그런데도 여전히 불안했습니다.

어느 날 문득 저는 자기계발 번아웃을 느꼈습니다. 일(Work) 번아웃도 아닌 자기계발 번아웃이라니요. 한순간 나락으로 떨어진 나를 보면서 '나는 왜 행복하지 않은가'를 생각했습니다. '나는 어째서 불안한가'를 생각했습니다. 닥치지도 않은 미래를 어째서 성급히 불안해하고, 나를 있게 한 존재를 소홀히 해가면서까지 자기계발에 매달렸는가를 생각했습니다.

결국, 질문은 '나는 왜 배우는가?'라는 문제의 본질에 닿았고, 제 질문에 대한 답을 한 장씩 채워가며 어느덧 한 권 분량의 원고가 완성되었습니다. 브레이크 없이 달리던 '프로자기계발러'인 제가 소중한 것들을 잃어버리고 하루아침에 멈춰 서게 된 진통의 과정을 이 책에 담았습니다.

만약, 자기계발을 하면 할수록 불안하고 불행해지는 기분이 든다면, 바로 지금이 걸음을 멈추고 자기 삶을 돌아봐야 할 타이밍이라고 말씀드리고 싶습니다. 저는 자기계발의 효용을 의심하지 않습니다.

다만, 자기계발은 단순히 어떤 행동을 해야 한다는 강박이어서는 안 된다고, 내 인생을 지금보다 더 자유롭고 풍요롭게 해주는 즐거운 여정 그 이상이어서는 안 된다고 단언합니다. 제가 이제야 알게 된 밀알 같은 깨달음이 저처럼 자신을 채근하는 이에게 깨달음의 위로가 되길 바랍니다.

제1장

수용:
자기계발 지옥

01

열심히 산다는 말이
불편해지기 시작했다

주말 오전 남편이 소파에 누워 게임을 한다. 자기가 무슨 손흥민이 된 양 한껏 고무되어 있다. '저 시간에 책을 좀 읽으면 좋겠다.' 속으로 생각했다. 나는 쉬는 것에 익숙하지 않은 사람이다. 사람들은 머리를 식히려고 TV를 보거나 낮잠을 자기도 한다는데 나는 가만히 앉아 화면을 쳐다보고 있는 나를 견딜 수가 없다. 마치 그 시간에는 내가 죽은 것만 같다. 무엇을 하든 몸을 움직이거나 생산적인 생각이라는 걸 하고 있어야 마음이 놓인다. 이런 내가 강박이라고 생각한 적은 없다. 시간보다 할 일이 많은 사회에 사는 이상 이것이 나만의 문제는 아니라고 생각했다. 단순 후유증 정도인 것이다. 사람들은 늘 시간에 쫓기듯 산다고 말하지만, 엄밀히 말해 시간을 쫓으며 산다. 시간은 알아서 흐를 뿐,

그 시간에 안달복달하는 건 시간이 아니라 우리 자신이니까. 나는 누구이고 무엇을 좋아하며, 어떤 이상과 꿈을 가졌는가는 중요하지 않다. 그저 무언가 해야만 한다는 강박, 누군가 따라온다는 초조함, 나만 못 하고 있다는 고립감에 나는 나 자신도 알아채지 못하는 사이에 나를 잃어가고 있었다. 내 삶을 돌아볼 겨를도 없이 정해진 궤도를 맹렬히 달려 나가고 있을 뿐이었다. 오만하다고 생각하리만치 나는 시간을 낭비하지 않고 살았다. 심지어 걸음조차 빠르다. 계절의 변화나 사람들 옷차림에 둔감하다. 오로지 자기계발, 공부, 일, 육아에만 전념하기 위해 시간을 쪼개고 또 쪼개서 썼다. 독서, 강연 참석, 성장에 도움이 될 만한 것이라면 어떻게든 찾아다녔다.

'성장'. 성장이라는 게 무엇인지, 무엇을 위해 빨래 짜내듯 이토록 삶을 쥐어짜고 사는지 자신에게 한번 물어본 적도 없으면서, 나는 성장이란 말을 참 거침없이 하고 다녔다. 빈틈없이 사는 만큼 빈틈없는 성장을 하고 있다는 나의 착각은 너무나 완고했다. 이런 나를 볼 때마다 사람들은 말했다. 진짜 열심히 산다고. 이 말이 내심 뿌듯했다. 잘하고 있다는 증거 같은 말이었기 때문이다. 아이 둘을 낳고 육아휴직 없이 회사에 복귀했을 때 어떤 이는 내게 독하다 했다. 그렇게 벌어서 어디에 쓸 거냐 했다. 여수에서 서울로 대학원을 다닐 때는 왜 그렇게 힘들게 사느냐 물었다. 나는 독하지도 않고, 돈독이 오른 사람도 아니다. 몸이 힘든 것보다도, 마음에서 떨쳐내지 못하는 불안으로부터 자유로워지고 싶었다. 그 방법이 내게는 자기계발이었다. 자기계발에 맹목적으로 빠져 있을 때만큼은 무언가 이루어간다는 그 느낌에 행복했다. 열심히 산다는 건 무엇일까. 육아와 직장생활, 자기계발까지 하면서도 끄떡없이 살아가는 나를 주변에서는 열심히 산다고 하는데…. 그 순간이었다. 아, 이거 뭔가 잘못됐다는 생각이 든 것 말이다. 멈칫했다. '혹시 내가 열심히만 살고 있나?' 하는 생각이 문득 들었다.

생각해보니 언젠가 자기계발 모임에서 만난 사람들과 성장에 관한 이야기를 나눌 때, 나름대로 열심히 산다고 사는데 기쁨은 그때 잠시 잠깐일 뿐 근본적인 변화를 체감하지 못한다며 내가 우는소리를 한 적이 있다. 그랬더니 옆에 있던 분이 물은 99℃에선 끓지 않는다고 했다. 지금 내게는 단 1℃가 부족하다고 했다. 당시에는 그 말이 큰 위로가 되었다. '노력이 부족했구나, 단 1℃만 채우면 나는 지금과는 다른 존재로 거듭날 수 있겠구나' 하고 생각했다. 그러나 부족한 1℃는 도무지 채워지지 않았고, 채우려 하면 할수록 뜨거웠던 마음만 급격히 식어갔다. 불안은 커졌고, 고립감은 깊어졌다. 성장을 위한 자기계발을 하면 할수록 나를 더 깊은 수렁으로 밀어 넣는 기분이었다.

그러다 우연히 고산지대를 배경으로 한 다큐멘터리를 보았다. 해발고도가 높아질수록 대기압이 낮아 물은 100℃ 아래에서도 끓었다. 물이 꼭 100℃에서만 끓는 것은 아니었다. 그 숫자에 몰두해서 삶의 진실을 보지 못한 내가 한심해 보였다. 무엇을 위해 이렇게 애쓰면서 살았나. 왜 자기계발을 하면 할수록 오히려 나를 잃어가는 느낌인가. 그제야 무언가 잘못돼도 단단히 잘못되었다는 것을 알아채기 시작했다. 지금 내게 필요한 건 1℃가 아니었다. 1℃를 더 높이기 위해 무엇을 할 게 아니라 높은 산에 올라 삶을 멀리 조망할 수 있는 혜안을 갖추어야 했다. 100℃ 보통의 삶을 살려고 안간힘을 쓰는 것보다, 가진 힘의 70%만 쓰고도 80℃ 끓는 물의 삶을 사는 게 더 의미 있지 않을까. 열심히 살 필요가 없다고 말하려는 게 아니다. 삶에 과몰입한 나머지 삶의 가치를 잊고 열심히만 사는 건 아닌지 돌아봐야 했다.

02

자기계발
과잉 주의보 발령

스무 살이 되기 전 내 소원은 빨리 어른이 되는 것이었다. 그저 나이만 차면 어른이 될 줄 알았던 소녀는 어느덧 엄마가 되었다. 어른이 되면 하기 싫은 일은 하지 않아도 될 줄 알았건만, 오히려 어른이 돼보고서야 알았다. 내 일에 선택권 따위는 없다는 걸 말이다.

대학에 힘겹게 진학한 뒤에는 다시 취업을 위한 무한 경쟁이 시작되었다. 다행히 안정된 직장을 잡았고, 그곳에서 사랑하는 사람을 만나 결혼했다. 일, 결혼까지 손에 넣었으니 이젠 좀 발 뻗고 살아도 되지 않을까 생각했다. 하지만 이것 역시 끝이 아니었다. 직장에서는 능력을 보여줘야 했고, 배워야 할 일은 도무지 끊이지 않았다. 혼자 살 때와 달리 조직 안에서의 처세술 또한 간단한 문제는 아니었다. 야

근과 회식 다음 날에도 멀쩡할 튼튼한 체력까지 필요했다. 사원은 사원대로 부장은 부장대로 배워야 할 게 목구멍까지 차게 넘쳤다.

   직장생활뿐인가. 배우자로서 갖추어야 할 필요충분조건과 능력 있는 부모가 되기 위한 조건 역시 까다로웠다. 월급만 모아서는 내 집 마련은커녕 전세 마련도 요원한 게 현실이다. 넉넉한 배경 없이 자란 나로서는 돈을 모으는 공부 또한 필수였다. 학창시절에는 공부만 잘하면 됐다. 아! 정작 사회에 나와서 보니 피부에 와닿도록 엄혹한 배움이 줄줄이 나를 기다리고 있었다.

   서점에 가면 자기계발 서적이 넘쳐난다. 책은 언제나 불안한 대중의 심리를 정확히 간파한다. 그리고 하나같이 주장한다. 배우지 않으면 도태된다면서, 남들보다 더 잘 살고 싶으면 지금 당장 시작하라고. 배우지 않는 자 미래도 없다는 말이 회초리처럼 아프게 감겼다.

   한국갤럽이 실시한 직장인 대상 자체 조사(2021)에 따르면 매년 새해 소망으로 1위를 차지하던 '건강관리'를 제치고 자격증 취득이나 외국어 학습 같은 '자기계발'이 1위를 차지했다고 한다. 어째서 많은 직장인은 재미도 없는 자격증 취득이나 외국어 학습을 새해 소망으로 뽑았을까?

실은 자기계발이 하나의 트렌드(Trend)로 자리 잡은 지는 꽤 되었다. 다만 그 양상이 조금씩 달라져 왔을 뿐이다. 이전에는 자기계발 하면 독서, 자격증, 외국어, 운동, 재테크 중 하나였다. 하지만 지금은 선택이 아닌 필수가 되었다. 유튜브에는 동기부여 영상이 넘쳐난다. 이는 특정 지역이나 특정 세대에 국한된 게 아니라 하나의 문화가 된 것 같다. 원하든 원하지 않든 틀면 나오는 자기계발 콘텐츠를 좋든 싫든 소비할 수밖에 없는 것이 지금 시대의 분위기다.

자기계발이 절대적으로 필요한 사람은 있다. 당장 먹고사는 문제를 해결하기 위해서나, 급하지는 않지만 인생의 중기 계획안에서 자신을 서서히 발전시켜나가야 할 목표가 있는 경우다. 그렇다. 자기계발의 본질적인 목적은 지금보다 행복한 미래로 나아가기 위한 마중물이다.

하지만 지금 이 분위기는 분명 문제가 있어 보인다. 자신을 계발하는 일임에도 개인의 자발적 동기가 아니라 경쟁심에 압도되어 움직인다는 느낌이다. 자기 목표도 없이 모두가 한 방향을 향해 뛰어가고 있는 모양새라고 해야 할까. 그 속에 자유는 없다. 자유가 없으면 창의도 없다. 창의 없이는 당연히 성장도 없다. 대체 우린 무엇을 위해 뛰고 있는가. 무엇을 위해 공부하는가. 무엇을 위해 늦은 밤을 밝히며 책을 읽고, 이른 새벽을 깨워 책상 앞에 앉는가.

03

자기계발
번아웃에 걸린 사람들

　직장생활 16년 만에 처음으로 일을 쉬기로 했다. 아이 둘을 낳고도 출산휴가 90일 만에 일터로 복귀했던 나다. 승진에 욕심이 있어 그랬던 건 아니다. 쉬어본 적이 없었고 쉴 형편이 아니었을 뿐이다. 그러던 내가 돌연 휴직서를 제출했다. 회사 책상에 앉아 컴퓨터 모니터를 보고 있으면 숨이 쉬어지지 않았다. 어떤 날은 심장이 제멋대로 날뛰기도 했고 어떤 날은 갑자기 얼굴이 홍당무처럼 뻘겋게 달아오르기도 했다. 잠자리에 누우면 이리저리 뒤척이다 선잠만 자고 일어나기도 했고, 아침이면 눈은 떴는데 몸이 움직여지지 않기도 했다. 일에 의욕은커녕 주어진 일도 겨우 했다.

　에너지가 모두 소진되어 이제는 어떤 일도 할 수 없는 지경에 이른 상태를 우리는 소위 '번아웃'이라 부른다. 나는

다 타버려 꼼짝도 할 수 없는 바로 그 상태였다. 천만번의 고민 끝에 정신의학과 상담을 받았고 공황장애 전 단계라는 진단이 내려졌다. 그렇게 나는 반강제적이나마 일과 나를 분리해 쉼이라는 약을 투여했다.

직장과 나를 분리하고 부여받은 시간 동안 미친 듯이 책을 읽었다. 원래도 책 읽기를 좋아했지만 늘 시간이 부족했던 터라 책을 읽는 것만으로도 행복했다. 책을 읽으며 위로받았고 책 속에서 좋은 스승과 친구를 만났다. 독서 모임을 통해 생소한 분야의 사람들을 사귀기도 했다. 정말 열심히 읽었다. 1일 1독(1日 1讀)도 어렵지 않았다. 하루에 두 권씩 읽은 날도 있다.

갑자기 많아진 시간 동안 책만 읽은 것도 아니었다. 동기부여 강연, 재테크 강의, 1인 경영 수업 등 각종 자기계발 강의를 들으러 다녔다. 비용도 거리도 시간도 내겐 문제가 되지 않았다. 책을 읽고 강의를 듣고 누구보다 열심히 사는 그들 속에 함께 있는 것만으로도 그동안 쌓인 갈증이 해소되는 듯한 해방감이 느껴졌다. '이거지. 이렇게 살아야지'라는 생각이 나를 흥분시켰다. 나는 그 어느 때보다 뜨거웠다. 무엇이든 해낼 수 있을 것만 같았다. 근묵자흑 근주자적

(近墨者黑 近朱者赤), 내 주변에는 나와 같은 사람들로 가득했다. 배움에 대한 지칠 줄 모르는 열정에다 성실함까지 겸비한 그들과 나는 영원히 함께 그 길을 가는 듯했다.

그로부터 3년의 세월이 지났다. 영원히 함께할 것 같던 자기계발 친구들이 사라진다. 강의 시간은 물론 채팅방 대화에도 무척 열성적이던 이들이었다. 하나를 배우면 둘 이상을 시도하던 이들이었다. 100일 인증은 일도 아닌 이들이었다. '와 저 사람의 끝은 얼마나 멋질까?' 상상하게 되던 이들이었다. 그런데 변하지 않을 것 같던 그들이 점점 사라진다. 그들은 모두 어디로 간 걸까?

관심사가 비슷하고 추구하는 삶의 이상향도 크게 다르지 않다 보니 우리는 종종 서로 다른 커뮤니티에서 마주친다. 그들은 매우 열정적이고 꾸준하고 무엇보다 자신의 삶을 사랑한다. 나는 이들에게서 몇 가지 공통된 특징을 발견할 수 있었다. 이들은 변화를 향한 갈망이 매우 높다. 현재가 만족스럽지 않기 때문이다. 객관적이든 주관적이든, 자의든 타의든 지금 상황과 모습이 마음에 들지 않아 변화를 결심한 사람들이다. 알다시피 이미 체화된 무언가를 바꾼다는 것은 결코 쉬운 일이 아니다. 좋은 습관을 만들거나 좋지 않은 습관을 버리는 일조차 그동안 내가 고수해온 삶의 철학을 흔드는 일이기 때문이다.

변화를 선택한 이들은 간절하다. 간절하기에 '적당히'가 없다. 스스로 만족할 때까지 멈추지 않는다. 그래서 조급하다. 새벽 기상을 통해, 독서를 통해, 강의를 통해, 운동을 통해 현재의 불만족스러운 상태에서 벗어나고자 부단히도 애를 쓴다. 그러나 자명한 사실은 이러한 자기계발이 변화를 이끌어 삶을 바꾸고 가시적인 결과물을 도출해내기까지는 분명 짧지 않은 시간이 필요하다는 것이다.

책을 몇 권 읽는다고 해서 저자처럼 되지 않는다. 재테크 강의를 몇 개 들었다고 해서 바로 실행에 옮겨지지 않는다. 설사 실행했다 해도 원하는 수준의 수익을 지속해서 얻기란 어려운 일이다. 또 얼마간 운동했다 해서 조각 같은 몸매를 만들 수도 없거니와 만들었다 해도 유지하기가 쉽지 않다. 그런데도 우리는 조급해한다. 당장 깊은 통찰력을 갖기를, 당장 몇 배의 이익을 얻기를, 당장 남들이 부러워하는 멋진 몸매를 갖기를 바란다. 그리고 이런 조급함에 쫓겨 자신이 무엇을 위해 자기계발을 하는지조차 잊은 채 이것저것 닥치는 대로 배운다. 그러나 결과는 만족스럽지 못하다.

어느 순간 나는 해도 안 되는 사람이라는 생각이 든다. 죽어라 해도 제자리인 것 같은 기분이 든다. 심지어 자신의 능력을 의심하기에 이른다. 성장을 위해 시작한 자기계발이 어느 순간 내 에너지를 고갈시키는 원인이 된다. 어느 집단에든 목표를 향해 쭉쭉 치고 나가는 사람, 성과를 빵빵 터뜨리는 사람이 있는가 하면 그렇지 못한 사람이 있기 마련이다. 직관적으로 성과가 보이는 사람들은 인플루언서가 되어 선봉에 서지만, 그렇지 못한 사람들은 관중으로 남거나 결국 사라지고 만다.

자기계발은 혼자 시작하지만, 결이 비슷한 사람들이 모여 같은 방향을 향해 가게 된다. 그렇다 보니 그 안에서 선의의 경쟁 구도가 생기기도 한다. 이런 경쟁 심리가 시너지가 되어 앞으로 나아가는 동력이 되기도 하지만 그 동력이 나를 지치게도 한다.

치열하게 산 덕분에 사회생활에서 번아웃이 되었다. 누구보다 열심히 살았고 최선을 다했다. 더는 꼼짝도 할 수 없는 지경이 되어서조차 삶에 대한 열정을 거두지 못해 자기계발에 온 힘을 쏟았다. 그런데 어느 순간 이마저도 '번아웃' 되었다. 책을 읽어도 그 내용이 그 내용 같다. 강의를 들어도 다 비슷한 소리를 한다. 운동하다 도리어 병을 얻기도 한다.

원점으로 돌아가 내가 왜 변화를 결심했는지 생각해본다. 나는 만족스럽지 않은 지금 삶을 변화시켜 현재의 나보다 발전한 내가 되기를 소망한다. 누군가에게 끌려가는 수동적인 삶이 아니라, 내 삶의 주인이 되어 주체적이고 능동적인 삶을 당당하게 영위하고 싶다. 내 삶을 내가 의도하는 대로 만들어가고 싶다. 내가 쏟아부은 열정, 시간과 노력이 내 성장의 청사진으로 이어지길 바란다.

그런데 언젠가부터 그 열정, 시간, 노력이 타인의 성과로 나타나고 있다는 느낌이 든다. 분명 나의 '인풋(Input)'은 나의 '아웃풋(Output)'으로 이어져야 하는데, 어째서 내 인풋이 내가 아닌 타인의 아웃풋으로 나타나는지 씁쓸한 기분마저 든다. 점점 자기계발에 대한 열의를 상실해간다.

'언제까지 소비자로 살 것이냐'는 질문에 머리를 세게 얻어맞은 듯 멍했던 기억이 떠오른다. 이제껏 직장인으로 살면서 한 번도 내가 생산자가 되어야 한다고, 될 수 있다고 생각한 적이 없었다. 내가 무엇을 생산할 수 있단 말인가. 자기계발은 그런 나의 처절한 몸부림이자 발악이었다. 여기에서마저 다 타버린 재가 되고 싶지 않았다. 나는 내 인생을 진심으로 사랑하기 때문이다.

고단했던 일상에 지치고 지쳐 더는 참을 수 없을 때 내가 찾은 유일한 숨구멍 같은 것이 새벽 기상이었고, 독서였고, 운동이었고, 강연이었다. 그러니 또다시 주저앉을 수는 없다. 이대로 사라지고 싶지 않다. 지금까지는 발버둥 치느라, 버텨내느라 다 타서 녹아 없어지는 줄도 몰랐지만 나는 꺼져가는 불씨 하나를 살려보려고 한다. 다시 처음의 의문으로 돌아가 본다.

나는 왜 배울까?

당신은 왜 배우는가?

04

가족은
죄가 없다

"엄마 또 서울 가?" 아침부터 분주한 내 모습을 보며 작은 아이가 말한다. "응, 독서 모임 있는 날이야. 늦게 오니까 아빠랑 저녁 먹고 먼저 자." 할 말이 있어 보이는 녀석이 더 말을 하려다 만다. "알았어. 조심히 다녀와." 격주 금요일에 독서토론 모임이 있다. 미리 책을 읽고 그 주 수요일까지 서평을 남겨야 하고, 오프(Off) 모임 후에는 모임 때 나눈 이야기를 후기로 남겨야 한다. 나한테는 생소한 마케팅 독서 모임이라 책도 꼼꼼히 읽어야 한다.

토요일 새벽 광역버스 첫차를 타고 강남으로 향한다. 오전에 하는 세 시간짜리 수업이지만, 조별 모임이 있어 강의 시작 두 시간 전에 조원들과 만나기로 돼 있다. 우리 집에서 강남까지 한 시간은 걸리니 서둘러 집을 나서야 한다. 주말 새벽 외출 준비를 하는 걸 본 남편이 정류장까지 태워준단다. 이렇게 내가 집을 나서면 온종일 아이들을 돌보는 건 남편 몫이다. "엄마 줌(Zoom) 수업 중이야?" 노트북을 켜고 열심히 무언가를 필기하는 나를 보더니 큰아이가 조용히 방문을 닫고 나간다. 꺾일 줄 모르는 코로나 때문에 강의가 대부분 온라인으로 전환됐다. 덕분에 오가는 시간을 줄일 수 있다는 장점이 생겼다. 이때다 싶어 욕심껏 신청했더니 거의 매일 수업이 있다. 학생 때로 돌아간 기분이다.

어느 순간 내 자기계발은 우리 가족 일상 곳곳에 깊숙이 침투해 있었다. 하지만 나는 알지 못했다. 내겐 그 시간이 그토록 바라던 '나의 시간'이기에 한시도 허투루 쓸 수 없다는 각오뿐이었다. 나는 먹잇감을 찾는 광야의 하이에나처럼 눈에 불을 켜고 '배울 거리'를 찾았다. 조금이라도 흥미가 가는 주제라면 주저하지 않고 신청했다. 어느새 내 플래너는 더는 무엇을 집어넣을 틈도 없이 빼곡해졌다.

모처럼 주말에 캠핑을 하고 싶었던 남편이 내 눈치를 살핀다. 그리고 아주 조심스럽게 묻는다. "혹시 다음 주말에 스케줄 있어?" 나도 다 기억할 수 없는 일정들, 핸드폰 캘린더를 열어 확인한다. 아이들은 엄마 시간에 방해가 될까 봐 눈치를 살피고, 남편은 혹여 아내의 심기를 건드릴까 봐 눈치를 본다.

어느덧 나는 자기계발이라는 명분으로 가족들에게 배려를 강요하고 있었다. 하지만 가족들의 배려는 당연한 것이 아니다. 자기계발은 나의 욕구를 충족시킬 뿐 가족의 욕구를 채우는 것은 아니기 때문이다. '내 미래'를 위한 투자이지 언젠가는 그 영광을 가족들도 똑같이 누리게 될 거라 세뇌해서는 안 된다. 그런데도 나는 은연중에 가족의 양보를 기대하고 있었다. 책을 읽고, 모임에 나가고, 강의를 듣는 것은 오로지 내 선택인데 말이다.

가족들은 내게 책을 읽으라거나 자격증을 따라고 한 번도 말하지 않았고, 지금보다 더 나은 아내나 엄마가 되길 바라지도 않았다. 지금의 내가 뭔가 부족하다 자각한 것도 나고, 그것을 바꿔보려고 결정한 것도 나다. 내가 새로운 것을 배우고 나의 욕망을 채워가며 카타르시스를 느낄 때, 가족들도 나와 같은 희열을 느꼈을 리 만무하다. 그러나 나는 알지 못했다. 사실 가족들 입장은 심각히 고려해야 할 대상이 아니었다. 열심히 무언가를 해나가는 내가 기특했고 오히려 그런 나를 이해하고 자랑스러워해야 한다고 생각했는지도 모른다.

  몇 년 전 나는 무척이나 희망하던 보직에 발령을 받았다. 사내 교수요원으로 근무하며 후배들에게 중국어를 가르치는 직무였다. 나는 중국어를 전공했고 유학 경험도 있다. 입사 전 중국어 강사로 일한 경험도 있다. 게다가 초임 시절 경비함정에서 중국어선을 단속해보았기에 실무에서 필요한 중국어를 교육하기에 충분했다. 그런데도 욕심을 냈다. 완벽해지고 싶었다. 어떻게 해야 내 경험과 경력이 중국어를 가르치는 일에 최적화될 수 있을까 고민했다.

  대학원에 가기로 했다. 30대 후반. 적은 나이도 아니었고 일곱 살, 세 살 아이를 둔 워킹맘이었지만 그 정도 문제는 내 '결심'을 누그러뜨리지 못했다. 결국 대학원에 합격했고 여수에서 서울까지 1년 반을 다녔다. 수업이 있는 날이면 새벽부터 자정까지 아이들을 돌보는 것이 모두 남편의 일이 되었다. 남편은 두 아이를 깨워 씻기고 아침밥을 먹인 다음 어린이집과 학교에 데려다주고 출근했다. 퇴근하면 다시 저녁을 챙겨 먹이고 씻기고 엄마를 찾는 아이들을 달래고 재웠다. 내가 돌아오기까지 그는 두 사람 역할을 해야 했다. 얼마나 녹초가 되었을까 생각하면 참 미안하다.

하지만 당시에는 고맙긴 했지만 내가 쓸데없는 데 흥청망청 돈을 쓰는 것도 아니고 나쁜 짓을 하러 다니는 것도 아니고, 내 미래와 우리 가족의 행복을 위해 열심히 살고 있다는 착각에 도취되어 있었던 것 같다. 그렇지 않아도 일하는 엄마라 아이들과 함께 있는 시간이 부족한데 이런저런 이유로 아이들과 떨어져 있는 시간은 더 늘어났다. 늦깎이 장거리 학업에 지치는 건 나도 마찬가지였다. 면역력이 떨어지면서 온몸에 염증이 생겨 이틀이 멀다 하고 병원을 찾았다. 책상에는 늘 약봉지가 놓여 있었고 통증 주사는 신물이 날 지경이었다.

결국 사달이 났다. 대학원 공부를 시작한 지 한 학기가 지난 어느 겨울 안면마비가 찾아왔다. 충격이었다. 어느 날 갑자기 일그러져 꼼짝도 하지 않는 왼쪽 얼굴을 마주하자니 거울 속에 비친 내 모습이 낯설고 무섭기까지 했다. 그때 내 일과는 선을 넘은 상태였다. 다시 생각해도 남편과 아이들에게 고맙고 또 고맙다. 아마도 가족의 희생이 없었다면 내가 하고 싶은 공부도 자기계발도 할 수 없었을 것이다.

특히 내 모든 도전은 배려와 양보를 넘어 이해와 지지를 아끼지 않는 남편이 있었기 때문에 가능했음을 부인할 수 없다. 그는 언제나 내가 하고 싶은 일을 할 수 있도록 응원해주었고, 본인이 도울 일이 있다면 기꺼이 도왔다. 내가 자격증을 취득하고 학위를 받고 경력(Career)을 쌓아가며 행복해할 때 무한한 지지로 나를 응원했다. 마음이 동하는 책을 만나 기뻐하면 함께 책을 읽으며 공감했고, 새로운 사실을 알게 되어 신이 나서 떠들면 적극적인 리액션으로 내 기분을 맞춰줬다. 그런 면에서 나는 퍽 운이 좋은 편이다.

그러나 내 주변에는 자기계발을 하는 중에 가족들과 갈등을 겪는 사례도 적지 않았다. 본인은 변화하고자 하지만 가족의 응원은커녕 만류와 비난으로 상처만 안은 채 주저앉는 이도 있다. 그런 가족을 원망하고 미워하다 사이까지 나빠져 오히려 자기계발이 독이 된 이들도 있다. 하지만 냉정하게 생각해보자. 나를 격려해주지 않는다고 해서 그들을 비난할 수 있을까? 내 마음을 외면하는 가족들에게 서운한 마음이 든다 해서 그들을 탓할 수는 없는 노릇이다. 나 역시 가족의 한 구성원이고 가족 구성원 각자가 가지고 있는 삶의 목표와 우선순위는 다를 수 있다. 누군가의 절대적 양보와 이해는 언젠가 한계에 다다르고 만다. 충분한 대화가 필요한 것은 낭언하고 자기계발을 해기는 과정을 공유하는 것도 잊어서는 안 될 것이다. 하지만 더 기억해야 할 것은 만약 당신이 자신의 삶을 변화시키고 성장시키기 위해 자기계발을 꾸준히 하고 싶다면 가족은 지켜주어야 한다는 점이다.

05

얼마면 되겠니?

지금껏 나는 자기계발에 얼마의 비용을 투자했을까? 수업료에 적게는 수백만 원, 많게는 수천만 원까지 썼다는 사람들을 우리는 심심치 않게 만날 수 있다. 강의 하나가 수천만 원에 이르는 예도 있다고 하니 보통 수십만 원 하는 강의는 아무것도 아닌 것처럼 느껴지기도 한다. 수백만 원, 수천만 원 하는 강의를 아직 들어보진 못했지만 나 역시 자기계발을 위해 도서 구매, 수업료, 기타 모임 등에 쓴 돈을 생각해보면 적지 않은 비용을 지출했다. 한정된 예산 안에서 지출하는 비용이라 도서관 이용도 많이 하고 지자체에서 운영하는 프로그램도 자주 활용하는 편이지만, 자기계발에 들어가는 비용이 만만치 않은 건 사실이다.

강의 하나를 듣고 나면 그 분야에 연관된 또 다른 강의나 그 강사의 파생 강의를 나도 모르게 신청하곤 했다. 관심 있는 주제인 경우도 있지만, 기초반, 심화반, 실전반처럼 강의 수준을 세분화해 운영하니 순차적으로 모두 들어야 했던 경우도 있다. 유명 강사의 무료 강의라고 홍보해서 수강 신청을 하면 맛보기 강의만 보여주고 알짜배기는 결국 유료 강의를 신청해야 들을 수 있는가 하면, 이미 탄탄한 플랫폼을 소유한 강사가 다른 강사를 초청해 강의하게 하고 수강생들이 초청된 강사의 플랫폼으로 자연스럽게 유입되게 하는 사례도 있었다.

강사들은 자선사업가가 아니다. 그들 역시 비즈니스 관점에서 자신들이 공들여 얻은 정보와 지식을 강의라는 상품으로 만들어 시장에 내놓는 것이기에 충분히 이해할 수 있다. 다만 각자의 '상품'이 흥행하도록 인위적으로 설계한 일부의 경우는 왠지 '호구'가 된 것 같아 불쾌했다.

재테크 교육 플랫폼 안에는 독서 모임, 부동산이나 주식 투자 강의부터 블로그, 온라인 스토어, 인스타 등을 이용한 수익형 소셜네트워킹 사업에 이르기까지 강의 범위도 매우 넓다. 모든 배움이 그러하듯 하나의 내용은 다른 내용과 유기적으로 연관되는 경우가 많기도 해서 여러 강의를 들으면 유익할 때도 많다. 처음 강의를 듣기 시작했을 때는 열심히 배워야겠다는 생각이 앞서 물불 가리지 않고 신청했다. 한 해 두 해 나름 자기계발 연식이 늘어가면서 나도 조금은 약아졌다고 해야 할까. 지나친 상술은 마케팅으로 그럴싸하게 포장해도 알아채는 눈이 생기기 시작했다.

 반면 어떤 강의는 비용을 더 받아야 하는 게 아닌가 싶은 적도 있다. 강의 하나를 들었을 뿐인데 마치 한 인생을 살아본 듯한 느낌이라고 할까. 내가 갖고 있지 않은 식견으로 삶의 깨달음을 전해주는 이도 있었고 수년간의 노하우를 놀라울 만큼 명료하게 전달해주는 이도 있었다. 내가 자기계발 시장의 모든 강의를 들어본 것도 아니고 이곳 생태계를 전부 안다고도 할 수 없지만, 많은 시행착오를 통해 깨달은 게 있다면 결국 본인의 철학이 있어야 돈값을 한다는 점이었다. 그 철학에 근거한 적절한 실행이 따라야 한다는 건 두말하면 잔소리다.

 지금 나는 책을 사는 데, 강의를 듣는 데 얼마의 비용을 지출했는가 따지려는 게 아니다. 사실 자신에게 도움이 된다면 당장 얼마를 썼는지는 큰 문제가 되지 않는다. 배움에는 때가 있고, 시간을 절약할 수 있는 것만으로도 매우 값진 성과가 된다. 다만 자신의 발전을 위해 시작한 공부가 또 다른 이유에서 자신을 옭아매는 굴레가 되어서는 안 된다고 말하고 싶다. 내가 경험하지 못한 길을 나보다 먼저 간 그들에게 기꺼이 비용을 지불하고라도 배움을 마다하지 않던 초심의 내가 그 길을 '제대로' 가고 있는지 돌아보자는 것이다.

세상에 공짜는 없다고 배웠다. 그리고 살아보니 정말 세상에 공짜는 없다. 하지만 '제값'을 지불했는지는 따져보아야 할 일이다. 남의 주머닛돈 꺼내기가 얼마나 어려운지 우리는 안다. 내 주머니의 돈이 나갔다. 그 돈은 잘 가고 있는가? '가성비'를 운운하며 효율적인 경제활동을 추구하던 이들이 어느덧 가성비보다 '가심비(價心費)'를 따진다고 한다. 돈의 액수보다 각자의 만족감이 훨씬 중요하다는 의미로 이해된다. 학교를 졸업하고도 '인생 공부'를 하느라 여념이 없는 우리는 가성비와 가심비 모두를 따져봐야 할 것이다.

돈이 잘 쓰였는지 알려면 지출한 금액에 상응하는 합당한 성과를 만들어냈는지 반드시 확인해봐야 한다. 그 성과는 직관적이고 구체적이어야 한다. 특히 단순한 취미로 무언가를 배우는 것이 아닌 이상, 배움에 대한 만족감 외에도 배움을 통해 내 삶에 어떤 변화가 일어났고 그 변화가 인생에 어떤 긍정적인 영향을 끼쳤는지 눈으로 확인할 수 있어야 한다.

변화를 감지하지 못한 채 그저 배우기만 해서는 우리 인생은 도돌이표를 벗어나지 못할 것이다. 필요 혹은 문제에 의한 시작이었다면 배움을 통해 그것이 충족되었는지, 해결되었는지 확인하자. 완벽한 충족이나 해결은 아니지만 조금이라도 삶에 변화가 일어났는가? 다행히 변화를 감지했다면, 그 변화가 내가 원하는 방향인지도 반드시 곱씹어 봐야 한다. 이유가 있는 배움의 시도였다면 수치로 확인할 수 있는 성과가 가장 최상임을 기억하자.

지금 내가 경험하는 모든 일이 내 인생의 점이 되고 그것이 선으로 이어진다 해도, 그래서 어떤 큰 그림을 그려낸다 해도 나는 생계를 우선으로 생각해야 하는 보통의 샐러리맨이기 때문이다.

06

도둑질 빼고 다 배워라

나는 어려서부터 배우기를 좋아했다. 호기심이 많았고 질문하기를 주저하지 않았다. 특히 현상에 호기심이 많았다. 노을은 왜 생기는지, 바람은 왜 부는지, 하늘은 왜 파란지. 왜라는 질문을 참 많이 했던 기억이 난다.

나는 듣기보다 말하기를 좋아하는 아이였다. 학교에서 돌아오면 엄마를 쫓아다니며 조잘조잘 잘도 떠들었다. 엄마는 내 얘기 듣는 걸 좋아했다. 집에 오면 언제나 엄마가 있어 좋았다. 하지만 평생 전업주부로 산 엄마는 일하는 여자들을 부러워했다. 결혼과 동시에 일을 그만둔 걸 후회한다고 했다. 엄마도 많이 배웠으면 언제든 일하지 않았겠느냐고, 딸이라고 공부를 시키지 않은 부모님을 이따금 원망하곤 했다.

엄마는 늘 배움에 목말라했다. 그래서 우리가 공부한다

고만 하면 아무리 돈이 없어도 기꺼이 지원해주었다. 딸들이 결혼하고 계속 일을 할 수 있도록 손주들을 봐주신 것도 어쩌면 엄마의 바람이 투영된 것인지도 모른다. 평생 배움에 목말랐던 엄마는 '도둑질 빼고 다 배우라'는 말을 늘 입에 달고 사셨다.

그런 엄마의 영향일까? 나는 배우는 것을 두려워하지 않는다. 오히려 새로운 걸 배우는 시도가 잦아서 문제다. 내 지적 호기심이 발동하는 동시에 이미 결제는 끝난다. 당장 필요한 게 아니어도 관심이 가면 기꺼이 배우기를 시도하고 그 과정을 퍽 즐기는 편이다. 정말로 무언가를 배운다는 것은 즐겁고 행복한 일이기도 하다.

여전히 기회가 있을 때마다 배움을 시도한다. 업무와 관련된 교육은 물론 마음 챙김(Meditation), 스피치(Speech), 내레이션(Narration) 등 새로운 분야에 도전하기도 한다. 새로운 것을 배우는 과정은 생소해 어렵기도 하지만 꽤 잘 배워가는 자신이 기특하게 여겨지기도 한다. 하지만 이런 나를 가까이서 지켜보는 내 친구는 공부는 '엄마 돈'으로 하는 것이라며 핀잔을 주기도 한다. 엄마의 영향인지 내 천성인지 아니면 둘 다일 수도 있는 연유로 나는 지금도 무언가를 배우는 데 주저함이 없다.

배움에 진심인 나는 하나의 사실(事實)이다. 문득 그 사실이 발생하게 된 원인과 배경이 궁금해졌다. 나는 왜 배울까? 다른 이들은 일하고 쉬기도 바쁘다는데 부족한 시간과 돈을 쪼개 왜 끊임없이 무언가를 배우는지 짚고 넘어갈 때가 됐다. 나는 하나의 학문을 깊게 연구하는 학자도 아니고 기술적으로 무언가를 연마해야 하는 숙련공도 아니다. 그리고 내가 배웠던 또는 배우고 있는 것들은 하나의 범주에 담기에는 다소 애매하다.

흩어져 있는 장난감처럼 이것저것 가지고 노는 심산일까? 그건 아닌 것 같다. 널려 있는 장난감처럼 단순히 재미만을 위해 무언가를 끊임없이 배우지는 않는다. 간혹 즐거움이 우선인 경우도 있었지만, 대개는 필요에 의한 공부였다. 지금 필요한 공부도 있었고 미래를 위해 배워두어야 할 공부도 있었다.

공부하는 걸 나무랄 사람이 누가 있겠는가. 배우는 것은 자신의 부족함을 인정하고 채우려는 가상한 노력이니 칭찬받아 마땅한 일이다. 그러나 최종적으로 어떤 결과물을 형상화하지 않은 채 배우는 행위 자체에 초점이 맞춰져 있다면 문제가 될 수 있다.

어느 날 갑자기 몸에 무리가 오고 열정은 화수분이 아니라는 사실을 깨달았다. 누구나 가지고 있지만, 각자가 가진 에너지의 총량이 다르다는 사실도 알게 되었다. 밀어붙이기만 하는 연애가 재미없듯이 인생을 살아가는 태도에도 '밀당'이 필요한 것 같다.

힘을 빼야 하는 시기가 있고, 젖 먹던 힘까지 끌어내 힘껏 내달려야 하는 시기가 있다. 완급 조절이 되지 않은 경주마는 결국 경기에서 지고 만다. 많은 인생의 선배들이 30대까지는 배우는 데 온 힘을 쏟으라고 조언한다. 매우 공감한다. 그렇지만 만약 이 글을 읽는 독자가 불혹(不惑)을 지났다면 배우는 데만 온 힘을 쏟다가는 탈이 날 수 있음을 기억했으면 좋겠다.

인생의 중반기부터는 이미 배운 것을 익혀야 하는 숙성(熟成)의 시간이 필요하다. 선인(先人)으로부터 배운 날것의 지식이 내 안으로 들어와 나의 언어로 재해석되고 생각이라는 필터를 거쳐 가공되어 다시금 세상에 나올 때는 전혀 새로운 무언가가 되어야 할 것이다.

'도둑질 빼고 다 배우라'는 엄마의 말씀이 그저 배우기만 하라는 말씀이 아니었다는 걸 나는 이제야 알아차렸다. 도둑질 빼고 다 배우라는 말은 세상을 살아가는 데 열린 마음과 겸손한 태도를 견지하라는 조언이었고 바람이었다. 그래서 앞으로는 무엇을 배울지보다 어떻게 발효시켜 더 깊은 맛을 낼지 고민해볼 생각이다.

07

나는 왜 배우는가?

곰곰이 생각해보았다. 나는 왜 배울까? 어째서 무엇이라도 배워두려 할까? 나는 인간의 행동심리학에 관심이 많은 편이다. 사람의 행동은 아주 오래전 조상이 우리에게 심어놓은 유전적 DNA의 영향을 받기도 하지만, 우리가 직간접으로 경험한 환경의 영향을 받아 반응하기도 한다. 행동은 심리적 기제에 따라 나타나는 결과로 특히 안[內]에서 어떤 문제가 생겼을 때는 필연적으로 그 결과를 일으킨 원인이 있다.

나는 심리학을 전문적으로 공부한 사람은 아니지만, 인간 심리에 관한 책을 자주 읽는다. 특히 엄마가 된 후에는 아이들을 이해하기 위해서 더 많이 관심을 가지게 되었다. 아이들에게 나타나는 문제 행동의 경우 치료가 필요한 질병적 원인을 제외하면 대개는 부모의 양육 태도나 환경에

기인한 것을 알 수 있다. 같은 맥락에서 나는 끊임없이 무언가를 배우는 내 행동에 어떤 배경이 있지 않을까 생각했다. 쉼이 불안하고 무엇이라도 해야 마음이 놓인다는 것은 평온한 상태는 분명 아니니 말이다.

   유년시절을 떠올리면 시리도록 가슴이 아프다. 기억력이 좋지 않은데도 불구하고 드문드문 어린 내가 느낀 감정들이 지금의 내게 고스란히 전해진다. 자는 엄마의 코 아래 검지를 조심히 갖다 대는 아이, 끊어질 듯 미세한 숨결이 아이의 작은 손가락에 와 닿자 함께 내쉬어지는 한숨. '아, 살아 있구나.' 엄마는 몸이 무척 약했다. 결혼 후 얻은 허리디스크로 제대로 걷지 못할 때도 있었고 대식구 시집살이에 고단한 하루를 보내고 누우면 끙끙 앓기 일쑤였다. 나는 엄마가 죽을까 불안했다. 나만 두고 엄마가 떠나면 어떻게 살아야 할지 알 수 없는 나이였다.

   겨울을 지나 봄의 문턱 어느 휴일이었다. 온 가족이(그때 가족은 할아버지, 할머니 두 명의 삼촌 그리고 우리 식구였다.) 집에 있었다. 엄마는 계속 집안일을 하느라 바빴고, 나머지 식구들은 우리 방에서 TV를 보고 있었다. 그 순간 나는 몹시 답답함을 느꼈고 한없이 외로워졌다. 그길로 조용히 집을 나와 집을 둘러싼 담벼락에 기대섰다. 외투를 걸치지 않고 나와 추웠지만, 눈살을 찌푸릴 만큼 햇볕이 강했다. 나도 모르게 눈물이 나왔다.

조용할 날 없는 엄마의 시집살이, 엄마를 위해 아무것도 할 수 없었던 나약한 내가 있다. 할 수 있는 게 하나도 없던 시절, 나는 엄마가 떠나버릴까 늘 불안했다. 엄마는 내가 열심히 공부하는 걸 자랑스러워했다. 여자도 배워야 한다고, 직업을 가져야 한다고 말했다. 그것이 자신을 지키는 일이라고도 했다. 나는 그것이 나를 지키는 일인지는 알지 못했으나 엄마를 지키는 일은 될 수 있지 않을까 여겼던 것 같다.

고등학생 때다. 한국에 금융위기(IMF)가 닥쳤고 우리 집에도 위기가 덮쳤다. 조그맣게 제조업을 하시던 아빠의 사업이 일을 하고도 수금(收金)이 되지 않다가 결국 부도를 맞았다. 월급을 가져오지 않는 달이 해를 넘기고 손을 대는 일마다 손해를 보았다. 말 그대로 밥 먹는 일을 걱정할 지경에 내몰렸고 학비를 낼 수 없었다. 전에도 아주 넉넉한 건 아니었지만, 학비를 걱정하거나 식사를 걱정할 정도는 아니었는데 갑자기 나는 불우한 여고생이 되어버렸다. 내 형편을 아신 담임선생님이 학비도 해결해주시고 문제집도 챙겨주

셨다. 대입을 망쳤지만, 재수는 꿈도 꿀 수 없었다.

내가 할 수 있는 건 열심히 공부하는 것뿐이었다. 엄마가 시집살이로 힘들어할 때도, 아빠 사업이 잘못되어 절망스러울 때도, 취업을 준비할 때도 내가 할 수 있는 건 '공부'였다. 힘들어도 힘들다고 말할 수 없었다. 불안해도 불안하다고 말할 수 없었다. 힘들다, 불안하다, 아무리 말해도 변하는 건 아무것도 없으니까. 그냥 했다. 죽이 되든 밥이 되든 오래 앉아 있었다. 머리도 없었고 요령도 없었다.

내세울 것 하나 없는 내가 그나마 지금처럼 살 수 있는 건 '열심히 공부했기 때문'이라고 생각한다. 우리 집이 힘들 때 만약 이런 집이 싫다고 집을 나가 엇나갔다면 어땠을까? 학비도 못 내는 형편에 공부는 해서 뭐 하냐고 포기했다면 어땠을까? 내가 할 수 있는 게 없다고 방만하게 생활했으면 과연 지금의 내가 있기나 할까? 내가 듣기 불편한 말 중 하나가 '당신은 운이 좋다'는 말이다. 그런 말은 함부로 하는 게 아니다. 내가 얼마나 치열하게 버텼는지 다 알지도 못하면서 운이 좋아서 여기에 있다고 예단하지 않길 바란다. 얼마나 처절하게 버텼는지, 얼마나 버둥대며 여기까지 왔는지 온전히 알지 못할 테니 말이다.

누구나 저마다 가지고 있는 철학이 있다. 철학은 세상을 바라보는 각자의 시선이자 삶의 태도다. 그러므로 우리가 삶을 대하는 태도는 각자의 철학에 따라 다를 것이다. 어떤 결정을 하고 어떤 행동을 할 때 우리는 과거의 경험을 바탕으로 결정하고 결국 그 결정들이 모여 삶의 패턴이 만들어진다. 공부는 내 삶의 패턴이 되어왔다.

지금이 다소 만족스럽지 못한 상태라 하더라도 언젠가는 나아질 수 있다는 기대를 안고 미래를 준비하는, 학습된 나의 생존 본능일지 모른다. 공부는 나를, 지금을 견디게 해준 지지대였고 불안의 도피처였고 미래를 꿈꿀 수 있는 희망이었다.

왜 끊임없이 무언가를 배우는지 스스로 찾아본 답은 이렇다. 지금까지 나를 지켜준 것도 공부고, 수렁에 빠질 때마다 나를 구해준 것도 공부였다. 공부는 그렇게 나를 지켜주었다. 나에게 공부는 배움에 대한 즐거움보다 나 자신을 지키고 있다는 안도감이다. 불안에서 벗어나 안심할 수 있는 것, 불만에서 벗어나 개선할 수 있는 의지라는 것. 내가 통제할 수 있는 범주 안에 있다는 것. 앞으로도 나는 나를 지켜야 할 책임이 있고 그 책임을 다하기 위해서라도 공부하기를 멈추지 않을 것 같지만, 어쩐지 지금까지와는 '다른 공부'를 하게 될 것 같다는 생각이 든다.

08

인생 공부는 방법이
좀 달라야 하지 않을까?

　나에게 공부는 삶의 끈이었다. 열심히 공부하며 버텼다는 말은 삶을 지켜냈다는 의미이기도 하다. 차근차근 어떤 것을 배워 지식을 채우고 시험을 보는 일련의 과정을 우리는 공부라고 말한다. 무언가를 받아들이는 모든 행위는 넓은 의미에서 배움이고 좁은 의미에서 공부이기도 하다. 지식을 채워 시험을 보는 공부는 시간을 꽤 들여야 하는 양적 공부이다. 지금까지 배움은 대부분 양적 공부였다. 학교를 졸업하면 더는 시험이라는 걸 보지 않아도 되지만 배움은 계속된다. 그렇다면 이미 학교를 졸업한 지 20년이 지난 나의 공부와 배움을 대하는 태도도 달라져야 하지 않을까?

　지금부터 내게 필요한 공부는 시험을 위한 공부가 아닌 순수한 배움, 질적 공부이다. 이미 많은 것을 배웠지만 그것만으로 세상을 살아가기에는 세상은 너무도 빠르게 변해가고 있다. 익숙한 것 같지만 늘 새로운 세상과 마주한다. 배움을 게을리해서는 생존할 수 없는 지경에 이르렀다. 민첩하게 반응하고 기민하게 대처해야 하며, 생존을 위해 우리는 수용과 도전을 반복한다.

나는 모르는 게 있으면 책을 찾는다. 단순한 궁금증일 때도, 직면한 난관일 때도 있다. 그러나 책은 쉽게 답을 알려주지 않는다. 원하는 답을 얻기까지 서론이 참 길다. 보통 책의 목차를 봐도 알 수 있듯이 저자가 진짜 하고 싶은 본론은 3장쯤 돼서야 나온다. 그러니 책을 통해 문제를 해결할라치면 시간과 공을 많이 들여야 한다. 교과서를 통해 시험을 준비하던 학창시절에는 책만 자세히 읽으면 정답을 찾을 수 있었다. 그렇게 몸에 밴 습관이 책에서 인생의 정답을 얻을 수 있다는 착각, 책은 처음부터 끝까지 꼼꼼하게 읽어야 한다는 강박감을 심어주었는지도 모르겠다.

하지만 책을 읽는 것만이 공부는 아니다. 또 공부를 책으로만 할 수 있는 시대도 아니다. 모르는 게 생기면 인터넷 포털 사이트를 통해 바로 검색할 수 있다. 단편적인 지식은 한 번의 검색으로도 해결된다. 검색만으로 해결되지 않는 문제는 강의를 듣거나 관련 서적을 좀 더 찾아보면 해결할 수 있다. 학생 때 공부는 책으로 했지만, 인생을 배우는 건 책이 아니어도 할 수 있다. 어쩌면 일상의 모든 면이 공부고, 일상을 산다는 건 곧 책을 읽는다는 의미인지도 모른다.

어떤 지식을 공부하기 위해서가 아니라 인생을 배워가기 위해 하는 공부, 그런 배움이라면 책을 읽기보다 직접 부딪히는 경험이 중요할 거라는 생각이 든다. 문제가 뭐지? 이렇게 적용하면 해결될까? 예상과는 다르네. 그럼 다르게 적용해볼까? 다양한 시도를 통해 도출된 문제와 문제가 아닌 걸 구분하여 내 삶에 바로 적용해본다. 책은 그러한 시도 중 하나일 뿐이다.

나는 책을 처음부터 끝까지 읽지 않는다. 목차를 살펴 내가 가장 궁금한 것, 필요한 부분부터 먼저 읽는다. 인생은 시간과의 싸움이다. 얼마나 밀도 있는 삶을 살아왔는지, 얼마나 제대로 시간을 투자했는지, 얼마나 긴 시간을 버텨왔는지가 그 사람 인생의 모습을 바꿔놓기 때문이다. 시간은 돈에 비유하기도 하고 화살에 비유하기도 한다. 어쨌든 시간은 돈을 주고도 살 수 없으며, 다시 되돌릴 수도 없다. 그런 소중한 시간을 어떻게 다루느냐가 인생의 성공과 실패를 가늠하는 척도가 되기도 한다.

  그러므로 지엽적 문제 해결을 위한 공부와 인생 전반에 걸친 배움은 그 방식도 달라야 할 것이다. 가끔 아이들이 나도 알지 못하는 새로운 사실을 이야기해줄 때가 있다. 어떻게 알았냐고 물으면 열이면 열 유튜브란다. 나는 새로운 사실을 책에서 배웠는데, 아이들은 활자보다 영상에 익숙한 세대다. 시대가 바뀌면 배움의 방법도 달라진다. 익숙한 방법으로 성과가 나지 않는다면 어색해도 새로운 방법을 시도해야 하지 않을까?

제2장

분투:
무엇이 나를
내모는가?

01

매일 신문을 읽으면
세상을 읽을 수 있을까?

　우리 식구 중 가장 일찍 일어난 사람이 제일 먼저 하는 일은 현관 밖 신문을 집 안으로 들여오는 일이다. 잠옷 바람으로 현관문을 빼꼼 열고 신문을 집어 먼지를 털어낸다. 집어 든 신문의 무게가 묵직한 날엔 마음도 무겁고 가벼운 날엔 내 마음마저 가벼워진다. 손바닥만 한 휴대폰으로도 대한민국에서 발행되는 모든 신문 기사를 읽을 수 있지만, 나는 어쩐지 책도 신문도 종이 형태를 선호한다. 발행처가 다른 신문 두 개를 구독 중인데 같은 사실을 두고도 신문사마다 기사의 결이 달라 읽는 재미가 더해진다.

　사실 이렇게 신문을 구독하기 시작한 건 2년이 좀 넘었다. 나 사는 것도 정신없는데 세상에 일어나는 시시콜콜한 일들까지 알 필요가 있을까 여겼지만, 세상의 흐름을 읽어낼 줄 아는 사람이 기회를 잡을 수 있다는 말에 바로 신문을 구독했더랬다. 자기계발에 빠져 이것저것 정신없이 기웃거리던 때였다. 커튼을 열고 내다본 창문 밖 세상은 아직 고요하고 명징(明澄)하기만 한데, 어제도 많은 일이 있었나 보다. 내가 모르는 세상이 참 많다는 사실을 신문을 읽으며 알게 됐다. 세상이 급진적으로 변하는 줄 알았는데, 세상은 매일매일 누군가에 의해 조금씩 변하고 있었다.

   신문을 식탁 위에 펼치고 형광펜과 삼색 볼펜을 준비한다. 머리기사를 눈으로 대충 훑어보는 것으로 시동을 건다. 붉은색 볼펜으로 사실에 밑줄을 긋는다. 덧붙인 기자의 해석을 읽고, 다른 관점은 없나 생각해본다. 형광펜으로 기사의 키워드(Keyword)를 표시한다. 마지막으로 나의 물음이나 생각을 짧게 적어본다. 처음에는 신문 하나를 읽는 데 두 시간 남짓 걸렸다. 신문 읽기가 끝나면 어찌나 기(氣)가 빨리던지, 당 충전이 절실해진다. 지금은 신문을 이렇게 읽지 않는다.

   매일 아침 사실(Fact) 이면에 드러나지 않은 행간의 의미를 읽어내려 노력했지만, 여전히 나는 뒷북을 치며 사는 것 같다. 신문을 읽으면 미래를 예측할 수 있지 않을까 기대했는데 몇 년을 읽어도 예측은 언제나 빗나간다. 분명히 이 정도 읽으면 세상을 읽어낼 수 있을 거라 여겼는데, 내공이 부족한 건지 머리가 나쁜 건지 헷갈린다. 아니 어쩌면 나는 처음부터 불가능한 일을 가능하리라 섣불리 예단했는지 모른다.

신문을 읽는다고 미래를 정확히 예측할 수는 없다. 그것은 과거에 지나지 않기 때문이다. 과거는 전부 흘러간 사실에 불과하다. 그런데도 나는 과거의 사실을 통해 미래를 맞힐 수 있다고 여겼다. 과거에 발생한 사실에 근거해 미래를 예측하기에는 셀 수 없이 많은 변수가 존재하고, 우리는 수많은 변수가 시도 때도 없이 나타나는 세상에 살고 있는데 말이다. 설사 운이 좋아 비슷하게나마 미래를 예측할 수 있다고 한들 과연 그 예측을 확신할 수 있는 믿음이 내게 존재할까? 확신할 수 없는 예측이라면 그것은 예측이 아닌 상상, 허구에 지나지 않을 텐데 말이다. 그렇다면 이제 신문은 그만 읽어도 될까?

과거인 역사를 배우는 이유에 대해 생각해보았다. 우리는 역사를 통해 알게 된 옳고 그름, 과거의 현장에서 깨달은 교훈을 통해 미래의 나아갈 방향과 가치를 설정하곤 한다. 이것은 앞으로 나는 이렇게 살 것이라는 삶의 방향, 삶의 올바른 가치를 세우는 일과 일맥상통하는 일이다. 그것은 미래에 대한 확신과 예언과는 다르다. 예측되지 않은 미래나 예측은 하지만 확신할 수 없는 미래는 여전히 우리를 불안하게 한다. 중요한 것은 과거의 사실을 통해 미래를 정확히 예측하는 것보다 내가 옳다고 믿는 방향으로 삶을 믿고 그 길을 따라가는 것이다. 사람들은 미래가 이성적으로 예측될 거라 믿지만, 사실 그것은 희망 사항에 가깝다. 그렇지 않다면 그 많은 애널리스트나 경제학자들의 예측이 빗나가는 이유가 설명되지 않을 테니까. 어떤 이유에서든 어떠한 위기가 닥쳐도 내가 나로서 살아가려면 자기 나름의 가치관을 세우고 살아야 한다. 신문은 그러한 길라잡이 중 하나로 그 역할을 다할 뿐이다.

신문에 대한 오만한 기대를 걷어내니 오히려 신문 기사는 좋은 글 재료가 되었다. 기사를 읽다 보면 반론을 제기하고 싶을 때가 종종 있는데, 그럴 땐 노트북을 열고 내 생각을 써 내려간다. 정치, 경제, 사회, 문화, 국제 분야의 다양한 글감이 차고 넘쳐나니 이보다 더 좋은 글감 보고는 없으리라. 신문이 이렇게도 활용되니 참 다행이다.

지금은 신문을 읽는 데 한 시간이 채 걸리지 않는다. 눈에 들어오지 않는 기사는 적당히 스킵하고 주장하는 바가 명쾌하고 논리적인 기사라면 소리 내어 읽어보기도 한다. 마음에 드는 사설이 있으면 남은 지면 위에 따라 써보기도 한다. 매일 신문을 읽어도 여전히 세상은 알 수 없지만 그렇게 신문은 다 큰 어른의 놀잇감이 되었다.

02

해빗 트래커
(Habit Tracker)의 함정

　매일 새벽 5시면 대부분의 단톡방은 새벽 기상 인증으로 활기를 띤다. 새벽 5시, 사람들 대부분이 여전히 깊은 잠에 빠져 있는 시간이다. 그러나 단톡방에서는 새벽 3시가 넘어가면 기상 인증이 시작된다. 경쟁하듯 점점 빨라지는 기상 시간, 알람 소리를 듣자마자 더듬더듬 핸드폰을 집어 들고 단톡방에 '굿모닝' 인사부터 보낸다. 이로써 나는 해빗 트래커 한 칸을 지웠다.

　내게 새벽 시간은 숨을 불어넣는 시간이다. 나는 이 시간이 정말 좋다. 온전히 내 통제 아래 놓이는 시간, 내가 주도할 수 있는 시간, 누구의 방해도 없는 '천연의 시간'이다. 되도록 이 시간 얼마간은 강의도 듣지 않고 책도 읽지 않으려 한다. 대신 가만히 눈을 감고 있거나 글을 쓴다. 이 시간에 깨어 있는 이유를 생각한다. 단톡방 아침 인사를 위해 이른 새벽부터 세상에서 가장 무겁다는 눈꺼풀을 들어 올린 건 아니니까.

  악착같이 해빗 트래커를 채우기 위해 애쓰던 시간이 있었다. 열 가지 정도의 습관을 빠짐없이 성공시키고자 핸드폰 알림 기능까지 설정해가며 기계적으로 움직였다. 한 달, 두 달, 100일을 보내자 의식하지 않아도 그 시간에 맞춰 몸이 반응하기 시작했다. 신기했다. 열 개의 습관을 사슬처럼 엮은 덕분이었다. 인증이 없어도 이제는 루틴이 된 것 같았다. 습관 만들기 정도는 별것도 아니라고 내심 으스댔다.

  어떤 일을 매일 꾸준히 한다는 것은 쉬운 일은 아니다. 우리가 익히 알고 있는 '작심삼일'이란 말이 괜히 생겨났겠는가. 지금의 나를 잊고 새로운 내가 되겠다는 결의를 다지며 나는 인생에 가까이 두고 싶은 목록들을 뽑아 해빗 트래커(Habit Tracker)를 만들었다. 물 여덟 잔 마시기, 감사한 일 적어보기 같은 사소한 일부터 새벽에 일어나 글쓰기, 매일 한 시간 운동하기처럼 제법 어려운 일들까지 빼곡히 적어두고 표시해간다. 까맣게 칠해진 날엔 밀도 있게 하루를 산 것 같아 보람되고 그리지 못한 날엔 나태했던 것 같아 마음이 불편하다. 세상이 많은 사람의 매일 하는 도전에 무너져 천지개벽하듯 내가 매일 하는 일들이 내 세상을 전혀 다른 모습으로 옮겨놓을 거라 믿으며 오늘도 달린다.

하지만 자주 흔들린다. 믿음이 아직 뿌리를 내리지 못한 탓에 '이런다고 뭐가 달라질까?' 하는 생각이 들기도 한다. 이렇게 하루하루를 긴장 속에 보내면서도 과연 어떤 성취를 이루고 싶은지조차 잊을 때가 많다. 할 일을 하나씩 지워가면서 혹시 이 자체가 나의 목표가 된 건 아닌지 염려하기도 한다. 여덟 잔의 물을 마시거나 운동 한 시간 하기가 내가 매일 안간힘을 쓰며 이루고자 하는 목표는 아니다. 그렇다고 건강한 몸을 만들어 유지하는 것 역시 궁극적인 목표는 아니다. 진짜 목표는 내가 하고 싶은 일을 '마음껏' 하며 사는 것이다. 그러기 위해 건강한 몸이 필요한 것뿐이다. 하고 싶은 일을 원하는 만큼 하며 사는 것이 삶의 행복이지, 하루에 물 여덟 잔을 마셨다고 행복하지는 않다. 게다가 해야 할 일들에 치여 정작 이것을 왜 하고 있는지 잊어버리는 일만은 경계해야 한다고 다짐한다. 가끔은 듬성듬성 이가 빠진 듯한 해빗 트래커를 보면서 낙담이나 실망이 아닌 격려와 응원이 필요한 이유다.

이따금 다른 이들의 해빗 트래커를 보며 혹시 한 사람의 것인가 의아해진다. 분명 인증한 사람의 이름은 모두 다른데, 까맣게 지워진 해빗 트래커 속 내용은 마치 동일 인물의 그것처럼 하나같이 똑같다. 새벽 기상을 하고, 책을 읽고, 운동하고, 글을 쓰는 것만이 좋은 습관일까? 이 습관은 누가 정한 걸까? 책 읽는 게 좋다는 건 과연 누구의 생각일까? 책 읽기 대신 그림을 그리면 안 될까? 이미 큰 틀에서 옳고 그름이 정해져 있고 그것을 수동적으로 따라가는 삶 속에서 어떤 즐거움을 찾을 수 있을까? 삶을 풍요롭게 살기 위해 우리는 인생에서 되도록 많은 즐거움을 찾아야 한다. 즐거움은 리듬감에서 나온다. 단조로운 일상은 지루하다. 강, 약, 중강, 약. 비트가 있는 일상을 사는 사람은 지루할 수 없다.

 모두가 똑같은 해빗 트래커를 보면서 까맣게 변하면 뭐가 좋지? 듬성듬성 빠지면 나쁜 걸까? 인증을 위한 인증인가? 그런 생각이 든 건 나 역시 꽤 긴 시간을 소비한 후였다. 누구보다 열심히 좋다는 습관을 만들기 위해 노력했다. 그 과정이 있었기에 지금의 이런 후회와 자책도 가능한 것이리라 생각된다. 그렇지만 나는 알고 있다. 이제 막 자기계발을 시작하는 사람들이 어떤 심정으로 자신을 몰아붙이는

지. 그래서 더 안타깝다. 그러지 않아도 되는데. 경쟁을 유도하는 분위기에 오도되어 과연 나에게 남는 것은 무엇이란 말인가.

좋은 습관도 나쁜 습관도 습관이란 녀석은 만만치가 않다. 그래서 습관은 만들기도 버리기도 어렵다. 습관은 무의식적으로 반복되어 겉으로 드러나는 행동이다. 그래서 혹자는 자신을 믿지 말고 시스템을 만들라고 조언한다. 시스템 속에 나를 끼워 맞추다 보면 자신이 바라는 '굿 해빗 트래커'가 되어 있을 거라고 말이다.

반은 맞고 반은 아니라고 생각한다. 맹목적으로 시스템만 따라가다 보면 내가 이 일을 왜 하는지 목적을 잃어버린다. 시스템을 구축하기에 앞서 선행되어야 할 것은 '일의 목적'이다. 왜 하는지 그 이유를 확고히 하지 않으면 그저 좋다는 것들을 나열하고 거기에 쫓기듯 따라가는 '성실한 팔로어'가 된 나를 만나게 될 것이다.

03

독서는 게으른 도피일지도 모른다

내 취미는 '독서'다. 요즘은 편독도 사라져 장르 구분 없이 닥치는 대로 읽으니 책 읽기가 더 재미있다. 공부가 목적일 때도 있고 마음을 다스리기 위함일 때도 있고 그저 유희일 때도 있지만, 책을 읽는 동안에는 편안함을 느낀다. 그 시간만큼은 현실에서 잠시 벗어날 수 있으니 말이다.

내 독서를 방해하는 요인이야 손가락 열 개로도 부족하지만, 그 모든 방해꾼을 물리치고 책을 펴고 앉아서 오와 열을 맞춘 문장들을 따라가기 시작하면 나의 승리는 그만한 가치가 있었노라 회심의 미소를 짓게 된다. 어떻게 이런 표현을 할 수 있을까 감탄하며 저자에게 절로 고개가 숙여지기도 하고 감히 건드리지 못한 마음 깊은 곳까지 순식간에 날아들어 꽂히는 문장 하나에 속절없이 무너지기도 한다.

가슴이 뜨거워졌다가 차가워지기를 반복하며 스스로 한없이 고취되었다가 의기소침해지기도 한다.

주로 낱장 독서(몇 장씩 나눠 읽는 것)를 하던 내가 두세 시간 앉아 책을 읽는 것은 거의 '호사'에 가까운 일이다. 좋아하는 커피 한 잔을 옆에 둔다면 호사를 넘어 바다 건너 휴양지라도 와 있는 기분이 든다. 휴직 후 거의 매일 책 한 권씩을 읽었다. 게다가 집중 독서(같은 분야의 책을 몰아 읽는 것)는 책 읽기에 가속을 붙여주기도 한다. 1일 1독(매일 책 한 권을 읽는 것)을 넘어, 어떤 날은 하루에 두 권을 읽어버리기도 했다. 한때는 책을 읽는 즐거움보다 얼마나 책을 많이 읽었는지가 즐거움이기도 했다.

그렇게 책 읽는 데 힘을 쏟던 중 마음이 찜찜해졌다. 정확히 알 수는 없는 막연한 찜찜함에 책을 덮고도 종일 이 감정이 무슨 감정일까 생각했다. 책 내용이 문제는 아니었다. 책은 아무런 잘못이 없었고 책을 읽는 내게 문제가 있어 보였다. 나에게 물었다. '이렇게 매일 책을 읽는 이유가 뭐지?' '왜 책을 읽는 거지?' 독서를 단순히 유희로 여기지 않았기에 매일 책에 매달려 읽는 진짜 이유를 알아야 했다.

처음에는 동기부여가 필요했다. 내가 변해야 하는 이유,

지금이 싫은 이유가 있었고, 그 이유를 견고히 지지해줄 '근거'가 필요했다. 동기부여, 잠재의식, 습관, 성공한 사람들의 일대기 같은 책을 정말 많이 읽었다. 이제는 그런 책들을 읽지 않는다. 어느 정도 읽고 나면 그런 부류의 책들은 사실 다 비슷한 내용이라는 걸 알게 된다. 그래서 처음에는 읽어둬야 하지만 말이다.

매일 전투적으로 책을 읽는 내가 못마땅해진 건 2년 정도 읽은 후였다. 엄마인 내가 책을 읽을 때 아이들은 엄마를 자유롭게 부를 수도 없었다. 아이들뿐 아니라 그 시간에 끼어든 누구라도 내 살벌한 눈초리를 받아야만 했다. 마음을 다스리는 책을 읽으며 내 마음 하나 다스리지 못했다. 일단 시작하라는 책을 읽으며 나는 주저했다. 무한한 잠재 능력에 관한 책을 읽으며 끊임없이 자신을 의심했다. 누구나 할 수 있다는 책을 읽으며 나는 아닐지도 모른다 생각했다.

독서라는 행위는 어쩌면 내가 벌일 수 있는 가장 안전한 도피 행각이었다는 생각이 든다. 지금 당장 뭔가를 하지 않아도 책을 읽는 것만으로 어떤 노력을 기울이고 있다는 착각. 사실은 아무것도 하지 않은 것인데 말이다. 내 삶을 변화시키기 위한 적극적인 어떤 액션도 취하지 않은 채 진지하고 성실한 독서광 흉내를 내고 있었다.

현재의 모습이 아니라고, 내가 원하는 모습은 지금의 모습이 아니라고 자각했다면 결단 있게 움직여야 한다. 그것이 무엇이라도 말이다. 그런데 나는 읽기만 했다. 성공한 사람들의 삶이나 엿보며 그들의 고군분투를 감상만 했다. 그러니 이제는 읽어도 더는 감흥이 생기지 않을 수밖에.

꼬리가 길면 잡히게 돼 있다. 적당히 흉내 내고 적당히 도망쳐야 했다. 스스로 인지할 만큼 게으름을 피웠으니 더는 읽기만 할 수가 없게 되었다. 다른 사람은 속일 수 있어도 자기 자신은 속이기 힘든 법이다. 누가 뭐라고 하지 않아도 나는 이미 알고 있다. 그리고 스스로 결단할 수밖에 없다는 것도 깨달았다.

더는 '전투적'으로 책을 읽지 않는다. 책은 정복해야 할 대상이 아니라 사유의 물꼬를 터주는 안내자 역할로 충분하다. 인간은 본능적으로 익숙한 것에 마음이 끌리게 돼 있다. 낯선 것, 새로운 것은 신선하기는 하지만 불편하다. 불편을 감수하고 불편함에 익숙해지는 과정을 거친 후에야 비로소 불편함은 편안함으로 바뀔 수 있다. 우리가 현재에 만족하지 못하면서도 여전히 지금의 행동과 생각을 고수하는 것은 새로운 내가 되어가는 그 과정이 불편하기 때문이다. 불편함은 불안을 초래한다. 불편함보다 더 거부하고 싶은 것이 불안이라는 감정이다.

나는 불안했다. 미래도 지금과 같은 모습일까 봐. 내가 통제할 수 없는 내 삶, 그 속에 하나의 부속품처럼 살아가고 있는 나. 언제까지 이렇게 살아야 하는지 알 수 있었다면 차라리 견딜 수 있었을 것이다. 기어코 버텨냈을 것이다. 그때가 언제인지만 알 수 있다면 말이다. 그러나 나는 알 수 없었다. 언제까지 내가 주인 아닌 삶을 살아가게 될지 말이다. 주인이 되기 위해서는 위험을 감수할 용기가 필요하다. 새로운 전략을 구상할 지혜도 필요하다. 책을 읽는 것은 딱 거기까지다.

'본·깨·적'이라는 독서 방법이 있다. 책을 읽으며 본 것, 그 속에 깨달은 것 그리고 적용이다. 나는 본·깨까지를 무한 반복했다. 처음 목적 있는 책 읽기를 시작하면 본·깨까지만으로도 충분히 흥분된다. '이런 게 있구나.' '이렇게도 생각할 수 있구나.' 감탄에 감탄이 터져 나온다. 이미 알고 있던 지식에 새로운 아이디어가 덧붙여지기도 한다. 내가 이런 생각을 했다니 꽤 발전했다는 생각마저 든다. 그러나 내가 감탄하며 흥분하고 있을 때 진짜 자신을 변화시키고 성장시키는 사람은 적용, 즉 '행동'하고 있다는 사실을 잊지 말자.

책을 읽는 것만이 능사가 아니라는 사실을 기억하자. 감탄은 쉽게 사라진다. 그러나 감동은 오래 여운을 남긴다. 진짜로 하는 것과 하는 '척'만 하는 것을 구분해야 한다. 읽지 않는 사람보다 독서라도 하는 사람이 낫다 싶겠지만 우리의 에너지가 무한하지 않다는 것도 잊지 말자.

04

무언가 하지 않으면 뒤처진다는 기분

가만히 있으면 불안하다. 그냥 있으면 안 될 것 같고 뭐라도 해야 할 것만 같다. 그래서 자꾸 일을 벌인다. 보디 프로필을 찍겠다, 유튜브를 하겠다, 북 큐레이션을 하겠다, 바리스타 자격증을 따겠다 한다. 새벽 달리기를 하겠다, 매일 책을 읽겠다, 글을 쓰겠다고도 한다. 갑자기 생산자로 살아야겠다며 '1인 기업' 강의도 들었다. 해야 하는 일도 아니고 누가 시킨 일은 더더구나 아니다. 자초해 시작한 일임에도 스트레스는 찾아오고, 머리가 비워지지 않는다며 명상원을 찾는다.

'난 대체 왜 이러는 걸까!'

이런 내가 버거운데 또 뭔가를 시작하는 나를 발견한다. 저녁 먹은 지 얼마 되지 않아 아홉 살 둘째 아이가 출출하다며 먹을 것을 찾는다. 아이의 작은 위장은 신기하게도 성인 몫의 음식물을 모두 받아들인다. 체내 곳곳에 영양분을 흡수시키고 남은 찌꺼기를 가차 없이 퇴출시킨다. 흡입과 배설의 반복을 통해 아이는 폭풍 성장 중이다.

먹고 돌아서면 배가 고파지는 성장기 아이처럼 자꾸 일을 만들어내는 나는 무엇이 고픈 걸까? 어떤 채워지지 않는 허기가 내 안에 자리하고 있는 걸까? 진짜 허기인지 단순한 식욕인지 알 수 없는 아이와 절실함인지 욕심인지 분간이 어려운 나는 닮았다.

가만히 눈을 감고 그동안 했던 일련의 일들을 나열해본다. 일의 의도와 동기를 생각해본다. 오랫동안 바라던 일도 있었지만 책을 읽다 문득, 강연을 듣다 갑자기 즉흥적으로 시작했던 일이 더 많았음을 고백한다. 돌아보니 그것은 타인에게 가진 선망이었고 자신에 대한 불만이었다. 불만스러운 현재에 대한 회피일 수도 있다. 지금 이대로 흡족했다면 새로운 시도보다는 현재를 유지하고자 하는 관성이 작용했을 것이다.

작금의 현실이 만족스럽지 못한 이유를 생각해본다. 내 시선이 머무는 그곳, 그곳에 내가 없다. 자존감이 꽤 높다고 생각했는데 그렇지 않았음을 인정해야 할 것 같다. 무의식적으로 다른 사람과 나를 끊임없이 저울질하고 있는 내가 보인다. 인생은 한 방향이 아닌데, 보인 그 길만이 정답인 양 믿었다. 저 멀리 조급함에 짓눌린 내가 보인다. 어디로 가야 할지 몰라 갈팡질팡하는 내가 보인다. 있는 대로 힘을 들이고도 전진하지 못한 채 제자리에서 방방 뛰고 있는 내가 보인다.

세상은 계속 변할 것이다. 오늘날 우리는 이미 공상과학 영화에서나 보던 세상에 살고 있지 않은가. 상상하는 대로 이루어지는 세상에 사는 나는 보험을 들어놓듯 무엇에라도 발을 걸치고 있어야 할 것 같았다. 빛의 속도로 변하는 세상에 적응하기 위해 모든 가능성을 열어두어야 할 것 같았다. 변화하는 시기에는 강한 종이 살아남는 것도, 가장 똑똑한 종이 살아남는 것도 아닌 '변화에 가장 잘 적응한 종'만이 살아남는다는 찰스 다윈의 말처럼 어쩌면 나는 도태되지 않으려 안간힘을 쓰고 있는지도 모른다. 살아남기 위한 생존 본능이 나를 부추기다. 가만히 있으면 가마니가 된다는 느낌을 하루에도 몇 번씩 느끼게 하는 세상에 살고 있다. 내가 통제할 수 없는 것들이 내 운명을 결정짓는다. 그러니 나는 무엇이라도 해야 할 것만 같은 느낌적인 느낌에 사로잡힌다.

2020년 3월 코로나19로 인해 전 세계 증시가 수직 하강했다. 세계 각국의 막대한 유동성 자금 덕분에 깊은 브이(V) 모양 골을 만들며 이내 회복했다. 위기를 기회로 읽은 이들은 꽤 큰돈을 벌었고, 팬데믹의 공포 속에 몸을 움츠린 이들은 허탈감에 몸을 떨었다. 변동성 끝판왕인 코인 시장도 마찬가지다. 평범한 회사원이 코인 투자로 수백억 원의 자산가가 되어 파이어(Fire, Financial Independence Retire Early)족으로 은퇴했다는 신화(Myth)가 내가 아는 사람의 아는 사람들에게는 심심치 않게 일어난다. 정부가 다주택자를 투기 세력으로 규정해 징벌적 세금을 부과한다 해도, 세금을 내고 나면 남는 게 없다고 해도 무주택자의 낙담에 비할 바는 아닐 것이다. 이런 사례가 어디 지금에만 일어나는 희귀한 일일까. 과거에도 있었고 그전 과거에도 있었던 일이다. 언제나 위기 속에는 웃는 이와 우는 이가 함께 있을 뿐이다.

아무것도 하지 않으면 아무 일도 일어나지 않는다. 아무 일도 일어나지 않는다는 건 살아 있지 않다는 방증이기도 하다. 나는 살아 있고 잘 살아가고 싶고 그러니 무엇이든 일을 벌여야 했다. 해소되지 않는 허기 같은 욕구에 떠밀려 가는 것인지, 잠재의식 속 묻혀 있는 욕구를 찾아내 해소해가는 과정인지 아직은 모르겠다. 예측할 수 없는 미래에 대한 준비인지, 직면하고 싶지 않은 현재에 대한 외면인지 그것도 모르겠다. 어쩌면 모두가 이유가 될 수도 있겠지만.

   과거의 숱한 경험을 통해 나는 배웠다. 세상이 미쳐 돌아간다고 한탄해도 세상은 결국 제자리를 찾는다. 그 세상 속에 사는 나만 흔들릴 뿐이다. 여전히 나는 잘나가는 사람들과 나를 비교하며 불안해하고 조급해할 것이다. 그리고 또 무언가를 계속 시도할 것이다. 처음부터 메울 수 없는 간극일 수도 있지만 그렇다고 체념하고 받아들이기엔 아직은 젊은 내가 있다. 뭐라도 하면 흔들리긴 해도 휘둘리지는 않을 것 같은 이 근거 없는 자신감을 어찌할까. 흡입과 배설의 무한 반복 속에 폭풍 성장까지는 아니더라도 나도 조금씩은 성장하고 있지 않을까 기대해본다.

05

불안

 MZ세대가 대세다. 1980년대에서 2000년대 초반에 출생한 밀레니엄 세대와 1990년대 중반에서 2000년대 초반에 출생한 Z세대를 통칭해 MZ세대라고 부른다. 요즘은 이 MZ세대를 빼고는 얘기가 되지 않을 정도로 각종 언론매체나 기업 마케팅에 자주 등장하는 단어이기도 하다. 비록 가장 젊은 어른이긴 하지만 다양한 분야에서 사회 트렌드를 주도해가는 세대다.

 이들은 디지털 네이티브로 불릴 만큼 각종 인터넷 정보를 다루는 데 능통하고 자기애가 강해 자신을 위해서라면 시간과 돈을 아낌없이 투자하기도 한다. 소셜 네트워크 등 사회관계망을 활용한 소통에 능숙하고 사람과의 관계에 유연하지만, 개인의 취향과 가치관이 비교적 확실한 편이다. 앞선 세대가 비약적인 경제발전을 경험하며 현재보다는 미래에 더 큰 의미를 부여했다면, 이들은 태어나면서부터 수축사회를 경험했고 장기 불황으로 인한 취업난을 겪으며 불확실한 미래보다 당장 눈앞에 놓인 현재의 행복을 더 중요하게 생각하는 세대이기도 하다. 이들에 대한 사회적 관심이 하도 높으니 MZ세대가 아닌 나는 소외감을 느끼기도 한다.

나도 한때는 X세대라 불리며 기존 젊은이의 형상을 새롭게 바꾸어놓은 신(新)세대였다. 우리는 부모 세대의 희생과 기대 덕분에 비교적 풍족한 유년시절을 보냈다. 기성세대의 문화를 거부하고 나만의 개성을 중시하며 '신인류'라고 불리기도 했다. 찢어진 청바지, 노란 머리, 오렌지족이 우리를 대표하는 상징이었다.

기존의 문화를 답습하기보다 나만의 개성을 한껏 드러내며 자기다움이 무엇보다 중요했던 우리 세대는 1997년 외환위기를 겪으며 정체성을 상실했다. 갑자기 들이닥친 국가부도 사태에 온 국민이 돌 반지까지 모아가며 위기를 극복했지만, 그 과정에서 적잖은 출혈을 감내해야만 했다. 당연했던 졸업 후 취업은 더는 당연한 일이 아니게 되었으며, 정년은 보장되지 않게 됐다. 평생직장이란 말은 사라지고 당연하게 누리던 일상의 평온함은 언제 어떻게 될지 모른다는 불안으로 탈바꿈하고 말았다. 그러한 사회 변화 속에 개성보다는 조화를, 도전보다는 수용을 선택했다. 교사나 공무원처럼 안정된 직장을 가질 수 있는 학과의 인기는 하늘 높은 줄 몰랐고 그러한 사회적 분위기 속에 한껏 몸을 낮추어야만 했다. 하지만 우리 몸속에는 '나는 나'라는 자기다움을 중시하는 DNA가 여전히 존재하는 것 같다.

마흔의 문턱에서 나는 꽤 긴 시간을 방황했다. '나는 누구인가?' '이렇게 사는 것이 나답게 사는 것일까?' '나다움은 어떤 것인가?' 이런 물음들이 피할 틈도 없이 파고들었다. 정신없이 앞만 보고 달려온 어느 날 삶이 내게 물었다. "행복해?"

사춘기 청소년처럼 방황의 나날을 보냈다. 나는 그때를 '마흔춘기'라 부른다. 지금이 행복하지 않은 건 아니지만 '나답게' 행복해지고 싶었다. 나다움을 찾고 싶어 '자기계발 세계'에 뛰어들었다. 신기하게도 그곳에는 유독 40대가 많았다. 나만 느끼는 감정이 아닌 것 같아 안도했다. 사실 불행해서 이곳에 있는 건 아닌데 서로를 보며 우리는 왜 여기에 있을까 생각했다.

행정안전부 발표에 따르면 2021년 기준 우리나라 주민등록 인구 5,167만 2,400명 중 40대의 비율은 15.9%로 가장 많은 인구 비중을 차지하는 50대(16.6%)의 뒤를 잇는다. 30대와 20대는 각각 13.1%이다. 이 발표에 따르면 4050 세대는 우리나라 인구의 32.5%로 26.2%를 차지한 2030 세대보다 더 큰 비중을 차지한다.

사실 누가 뭐라고 해도 현재 우리 사회 중심 세대는 4050 세대이다. 특히 X세대라 불리며 혜성같이 등장했던 40대들은 사회 각계각층에서 적지 않은 영향력을 끼칠 수 있는 위치에 있기도 하다. 살 만하다는 얘기다. 그 어렵다는 취업도 성공했고 결혼도 했고 아이들도 어느 정도 키웠다. 그렇다고 모든 상황이 만족스럽다는 의미는 아니다.

나름의 고충도 많다. 베이비붐세대를 선배로 MZ세대를 후배로 둔 소위 '낀 세대'가 되었다. 주목받는 MZ세대들과 성향은 비슷하지만, 그들처럼 드러내놓고 자신의 의견을 주장하기에는 고려해야 할 것들이 많다. 그렇다고 무조건 수용하지도 않는다. 지금까지 그래온 것처럼 참고 버티며 애쓰는 중이다.

책임져야 할 가족도 있고 조직의 기대에도 부응해야 한

다. 게다가 원한 적 없는 선후배 간의 가교(假橋) 역할도 해야 한다. 직장에서나 가정에서의 대우도 우리를 어렵게 하기는 마찬가지다. 직급은 관리자인데 업무는 대리급이다. 대부분 '플레잉코치(Playing Coach, 감독이면서 선수도 하는 사람)'로 육체적으로도 심적으로도 힘든 상황에 처해 있다. 가정에서도 크게 다르지 않다.

사실 여기저기서 치이다 보니 이제부터라도 정말 나답게 살아야 하는 것 아닐까 하는 생각이 드는지도 모르겠다. 기성세대는 거침없는 MZ세대에게는 조심하면서 욕받이인 우리 세대는 오히려 만만하게 대한다. 반면에 MZ세대는 기성세대나 우리 세대를 싸잡아 '꼰대'라고 한다. 우리도 한때는 개인주의를 걱정할 만큼 각자의 정체성이 무엇보다 소중했던 사람들이다. 급변하는 사회에 적응하며 살다 보니 어느새 40대가 되었다. 연륜이 묻어나고 자애로움이 자연스럽게 배어 나오는 40대를 상상했는데 현실에는 소외와 박탈감으로 점철된 초조한 40대가 있다.

'허리 세대'라고 하지만 언젠가 대체될 세대, 거꾸로 보자면 내공은 부족하고 젊지도 않은 세대다. 우리는 자신의 정체성을 찾아 헤매지만, 한편으로는 타인의 인정을 갈구

한다. 그래서 자기계발에 자발적으로 참여하고 생산성을 높이기 위해 끊임없이 노력하는 것인지도 모른다. 위기는 언제고 갑자기 찾아올 수 있다는 사실을 과거의 경험을 통해 뼈아프게 배웠기 때문이다. 그럼에도 불구하고 나의 세포 속 DNA에는 나이 마흔이 되어서도 나답게 살고 싶다는 정체성을 품고 있었다.

06

나를 움직이게 하는 힘

우리 세대가 경험했던 시대적 불안과 그 속에서 살아남기 위해 취해야만 했던 태도는 이해하지만, 과거의 모습대로 현재와 미래를 살아갈 수는 없다. 인간이란 참 오묘해서 비슷해 보이는 상황이라도 때때로 다른 태도를 견지한다. '나는 나'라는 자아정체성이 강한 그 존재가 수십 년을 대중 속 카멜레온이 되어 지내왔다 해도 보이는 모습이 변했다고 본질까지 변하지는 않는다. 그런데도 미래의 불확실성과 자꾸만 밖을 향하는 시선은 나를 자주 조급하게 한다. 남과의 비교에서 오는 상실감과 박탈감에 자존감은 바닥을 지나 종종 저 아래 지하까지 떨어진다. 괜찮았다가 불안했다가 괜찮았다가 초조했다가 반복하면서 말이다.

불안, 초조와 같은 감정은 결코 편안하거나 사람을 기분 좋게 하는 감정은 아니다. 그러나 다른 사람은 몰라도 적어도 내게는 불안이 주는 삶의 동력이 존재한다. 언제 닥칠지 모르는 위기감은 불안감을 조성하지만, 그 덕에 나는 움직일 수 있었다. 만족스러웠다면, 편안했다면 구태여 하지 않아도 될 만한 결심을 하고 행동에 옮겼다. 지나고 보니 민망한 '삽질'인 경우가 더 많았지만, 뜻밖의 순간에 삶의 촉매제가 되기도 했고 '신의 한 수'가 되기도 했다.

불안(不安)은 편안하지 않은 상태를 말한다. 긴장감을 수반한다. 여유가 없이 빠듯한 상태지만 정신을 바짝 차린 상태이기도 하다. 깨어 있다는 말은 재빨리 위기를 감지하고 기회를 잡을 수 있다는 말이기도 하다. 걱정되고 조급해지는 마음에 실수를 만들고 그래서 실패처럼 느껴지기도 하지만 어쨌든 시도했고 그 과정에 뭐라도 하나 배웠다고 생각한다.

평생직장은 호사스러운 시절의 아련한 추억으로 남았고 평생직업은 급변하는 시대의 로망이 되었다. N잡러라는 말이 등장한 지 얼마 되지 않았지만, 이제는 누구나 이해할 수 있는 일상어가 되었다. 세상 살기가 참 만만치 않다는 심정이 드는 건 어제오늘 일이 아닌데 삶의 질에 거는 기대는 갈수록 높아진다. 어쩌면 불안은 욕망과 현실의 괴리에서 오는지도 모른다. 인간의 욕망은 무한하고 현실은 지극히 유한하다. 목표한 바를 이룰 수 있을까? 내가 과연 할 수 있을까? 이러한 걱정들이 시시때때로 우리를 엄습하지만 지금까지처럼 우리는 시대적 기류에 순응하기도 대항하기도 하며 잘 헤쳐 갈 것이다. 두렵다고 외면하고 걱정만 하고 있을 우리가 아니다. 욕망의 크기만큼 불안도 비례하겠지만 자신을 누구보다 사랑하기에 늘 도전할 것이다.

그러니 불안하다는 감정을 불편해할 필요는 없다. 불안은 우리가 무언가를 시작할 수 있게 하는 동력(動力)이 된다. 다만 결과에 대한 욕심이 지나치게 앞서지 않도록 주의하자. 과정을 무시한 채 결과에만 집착하면 조급해진다. 조급함은 우리가 경계해야 할 가장 두려운 감정이다. 자신의 삶을 직접 설계하는 사람은 조급하지 않다. 삶의 목표, 방향, 속도를 스스로 결정하기 때문이다. 그러나 조급한 사람은 자신의 삶을 타인의 기준에 맞춘다. 이끄는 삶이 아닌 끌려가는 삶이 된다.

무언가를 하지 않으면 불안한 내가 싫었다. 그런데도 나아지지 않은 현실은 더 싫었다. 중년의 나이가 되어서도 여전히 노심초사하는 자신이 가련했다. 욕심이 많다고 자책했고 세속적인 인간이라고 부끄러워했다. 그러던 어느 날 인간이라면, 이 나이라면 누구나 바랄 수 있는 것들을 바라는 아주 평범한 한 사람이 보였다. 그것은 과욕(過慾)도 아니고, 탐욕(貪慾)도 아니었다. 그저 나다운 내가 되고 싶은 순수한 마음이었다.

순수한 마음을 나쁜 감정, 잘못된 감정으로 오해한 건 알아차리지 못했기 때문이다. 내 안에서 보내는 삶을 향한 애정의 신호를 말이다. 자신에 대한 이해와 사랑보다 남들이 나에게 보내는 평가와 잣대에 더 신경 쓰며 살았다. 인정하고 싶지 않지만 내가 가지고 있는 내면의 아름다움과 신념보다 보이는 것에 정성을 쏟았다.

알아차리자 조급함이 사라진다. 조급함이 사라지자 불안한 감정이 불편하게 느껴지지 않는다. 현실과 이상의 괴리는 불안이 아닌 동기부여(Motivation)가 되고 이내 설렘이 된다. 앞으로도 불안은 나를 가만히 내버려두지 않을 것이다. 자신이 바라는 삶을 살도록 끊임없이 밀어붙일 것이다. 때때로 저항하겠지만 평소처럼 못 이기는 척 내 몸을 움직일 것이다.

07

돌고 돌아
결국 그 자리

'언제까지 이렇게 살아야 할까?'

정신없이 출근해 책상에 앉는다. 컴퓨터 전원을 켜고 커피를 내린다. 메일함을 열어 급히 처리할 업무가 있는지 확인한다. 본격적인 업무 시작 전 자료 파악을 위해 각 부서에 메일을 전달한다. 오늘까지 보고해야 할 보고서를 마지막으로 확인한다. 몇 번의 반려를 거쳐 드디어 보고서가 통과됐다.

숨 돌릴 틈도 없이 다시 업무 지시가 떨어진다. 난 또 몇 번 지옥에 다녀와야 할까. 일이 싫은 건 아니다. 깔끔하게 업무가 마무리되면 일의 보람과 재미도 느낀다. 업무를 처리하면서 겪는 자존심 상하는 일도 직장생활 15년 차인 내게 새삼스러울 리 없다.

그런데 언제까지 이렇게 살아야 하지? 하루의 절반 이상을 머무는 회사에서 나는 행복하지 않았다. 내 인생 절반을 차지하는 이곳에서 나는 내가 아닌 것처럼 지낸다. 내 생각도 의견도 개성도 드러내면 안 된다. 회사는 그런 곳이다. 지금까지는 어찌어찌 버텨냈는데 앞으로는 자신이 없다. 작고 초라해지는 내 모습을 마주할 때마다 떠나고 싶지만 그럴 수 없는 현실에 가슴이 죄어온다. 혹자는 회사에서 무슨 자아실현이냐며 회사는 그런 곳이 아니라고 충고하지만, 회사에서든 어디에서든 언제라도 나답게 살 수 없다면 너무 불행한 것 아닌가.

그때부터였다. 하루하루 평온한 듯 보이지만 삶의 허기가 느껴지기 시작한 건. 일상에서 삶의 진정한 의미를 느끼고 싶었다. 그게 나답게 사는 것이라 여겼다. 평범한 일상을 특별하게 만들기 위해 나는 변해야 했다. 자극을 좇을 나이는 아니지만 매일 똑같은 일상과 지극히 평범한 인생이 재미없게 느껴지는 것도 사실이다. 삶에 파장을 일으킬 만한 대단한 일탈까지는 아니지만, 가끔은 어제가 오늘 같고 오늘이 내일 같은 삶에 반향을 일으킬 무언가를 원하기도 한다. 모순되게도 인생의 파장을 일으킬 아무 사건도 일어나지 않은 걸 다행으로 여기기도 한다. 그런데도 아직은 뜨거운 혈기가 '나답게 살아보라' 삶을 부채질한다.

그런 내 마음과 달리 몸은 젊음과 다른 길을 간다. 거울에 비친 얼굴의 주름이 거슬리고 보정 앱 없이는 사진 찍기가 꺼려지는 나이가 되었다. 조금만 움직여도 피곤함이 밀려오고 가슴 뛰는 일이라곤 영화나 드라마를 볼 때뿐이다. 형형색색 알록달록 그려오던 미래가 어째서 무채색의 오늘로 내 앞에 놓인 걸까?

20년 전 나는 중국 태산(泰山)에서 길을 잃었다. '태산이 높다 하되, 하늘 아래 뫼(山)이로다.' 하도 들어서 달달 외어버렸던 그 시조 속 태산은 생각보다 높지 않았다. 단지 태산을 오르는 길이 모두 계단으로 되어 있어 산을 오를 때도 내려올 때도 무척 고생했다. 산에 오를 때는 밝은 낮이었고 그 계단을 따라 오르기만 하면 되었다. 정상에 도착해 태산 별 것 아니라고 건방을 떨었다. 그 오만함에 보내는 태산의 경고였을까. 좁디좁은 계단을 내려오자니 다리가 무척 아팠다. 후들후들 떨리는 다리를 부여잡고 꽃게도 아닌데 옆으로 내려오다 옆을 보니 계단이 없는 길이 보였다. 높지도 않은 산, 그 길 따라 내려가면 금방 왔던 곳까지 되돌아갈 수 있을 거라고 생각했다. 그런데 어찌 된 일인지 아무리 내려가도 산 입구가 보이지 않았다. 분명 본 듯한 길을 따라 내려갔는데도 말이다. 이리저리 한참을 돌아 내려가다 깨달았다. 계속 같은 자리를 맴돌고 있었다는 걸. 그 길인 듯 보였지만 그 길이 아니었다. 산은 산인지라 해가 지자 주위는 온통 까맣게 변했다. 불빛도 없고 인적도 없었다. 오만함은 두려움으로 변했다. 몇 시간을 헤맨 끝에 행인을 만나 무사히 기차역에 도착했지만, 그날의 막막함은 지금 생각해도 아찔하다.

분명 가까운 거리였는데 나는 왜 길을 잃었을까? 확신에 차서 선택한 길이 번번이 같은 길이었음을 왜 알아차리지 못했을까. 같은 길을 오르내리면서도 같은 길인지 알지 못했던 우둔함은 비단 그때만의 일이 아니다.

허무맹랑한 꿈을 품고 어른이 되었다. 하지만 어른이 된다는 건 품었던 꿈을 하나씩 떠나보내는 일이었다. 이건 이래서 안 되고 저건 저래서 안 되고 갖가지 이유와 핑계를 꼬리에 묶어 보냈다. 그렇게 꿈을 잃은 채 홀로 남은 나는 초라했다. 개성 있고 소신 있던 원래 내 모습을 되찾고 싶었다. 나는 변화를 결심했다.

마음이 급해졌다. 인생의 정답과 정답으로 가는 가장 빠른 길을 찾고 싶었다. 한 번에 하나씩 오르는 계단이 아니라 단숨에 뛰어오를 수 있는 지름길을 바랐다. 그래서 남들이 만든 길로 달려들었다. 그들의 실패를 거울삼아 실수를 없애려 했다. 결과를 확인할 수 있는 길만 따르려 했다. 마흔이 넘어 인생의 의미를 찾자니 조급함과 절실함이 함께 엄습했다.

새벽 4시 반이면 어김없이 일어났다. 변화를 외치는 책을 읽으며 보이지 않는 싸움을 시작했다. 소위 성공한 사람들의 강의를 들으며 의지를 불태웠다. 그러자 밋밋한 일상이 출렁인다. 희망이 보일 듯 말 듯 애를 태운다. 나는 더 열심히 달렸다.

책과 강의에서 소개하는 책마다 구매했다. 책장의 책은 늘어가고 급기야 더는 꽂을 데가 없었다. 책 한 권을 뽑아 펼쳤다. 새벽마다 카페인의 힘을 빌려 밑줄 치며 읽었던 책이다. 책에는 치열했던 내 흔적이 고스란히 남아 있는데 어찌 된 일인지 다시 펼친 책은 생경하기만 하다. 벌써 이렇게 휘발되면 안 될 일이었다. 얼마나 열심히 읽었는데, 얼마나 간절한 마음으로 읽었는데.

그렇게 정신을 차려보니 같은 자리를 뛰고 있는 나를 발견했다. 잘못된 걸 알았지만 너무 한참을 달려온 탓에 멈춰도 될지 두려움이 앞섰다. 하지만 나는 멈춰야 했다. 정신없이 달리던 그 길은 내가 바라던 길이 아니었다. 더 정확히 말하자면 내가 만든 길이 아니었다. 그 길 어디에도 나는 없었다. 그날 이후 나는 책 구매를 멈췄다. 수업도 듣지 않았다.

인생의 중간 지점인 마흔 문턱에서 스스로 던진 질문, 행복하냐는 물음에 여전히 답할 수 없었다. 나답게 살고 있다 자신 있게 말할 수 없었다. 행복을 향한 갈망과 온전한 나로서 살아가고 싶은 욕망은 여전히 채워지지 않았다. 그 많은 시간과 돈과 가족의 희생과 열정을 불태웠는데 결국 내가 간절히 원하는 '나답게 살고 싶다'라는 바람이 허공의 메아리처럼 다시 내게 되돌아왔다. 뜻대로 살아지지 않는 것이 인생이란 말도 있지만, 내 인생 하나 내 뜻대로 만들어가지 못한다면 과연 나는 내 인생을 산다고 말할 수 있을까?

08

진짜 중요한 게 빠졌다

묻지도 않고 달려왔다. 구체적인 목표도 없이 그냥 내달리기만 했던 것 같다. 어디로 가고 싶은지 왜 가고 싶은지 누구와 가고 싶은지 물어본 적이 없다. 다들 바쁘게 살고 있으니 나도 열심히 사는 게 이상하지 않았다. 무엇이든 열심히 최선을 다하라고 배웠고, 배운 대로 본 대로 나는 그렇게 살았다.

회사에서 보고서를 작성하다 갑자기 숨이 쉬어지지 않을 때 나는 누가 볼세라 조용히 일어나 화장실로 갔다. 변기 뚜껑을 내리고 앉아 단전부터 깊은숨을 끌어 올렸다가 다시 천천히 내쉬었다. 몇 번의 긴 호흡을 하고 나면 용변을 보지도 않은 변기 물을 내리고 나왔다. 손을 씻으며 얼굴을 확인한다. 붉게 상기된 얼굴을 향해 양손을 흔들어 부채질한다.

열기가 좀 가라앉으면 나는 다시 책상으로 가 앉았다. 내 이름이 불리면 가슴이 쿵 하고 내려앉았다. 심장은 요동치는데 태연한 척 고개를 들어 대답했다. 사람들과 어울리는 게 불편했고, 사무실 사람들이 싫어졌다.

  내게 문제가 있다 생각했다. 나만 참으면 된다고, 내 마음만 고쳐먹으면 된다고, 내가 더 노력하면 이런 상황쯤 충분히 극복할 수 있다고 여겼다. 그렇게 '내'가 문제라고 단정 지어버렸다. 그러나 나는 문제라 단정하기 전에 먼저 물었어야 했다. 어디 아픈 건 아닌지, 힘든 건 아닌지, 정말 이대로 괜찮은지 말이다. 내 상태가 어떤지도 모르고 앞만 보고 달리기를 강요했던 지난날에 사과했어야 했다. 이제야 고백하자면 나는 힘들지 않은 게 아니라 힘들다는 걸 알아차리지 못했을 뿐이다.

  사람이 여유가 없으면 자신이 얼마나 힘든지 얼마나 아픈지 자신에게 필요한 게 무엇인지 알지 못한다고 한다. 그래서 힘들지 않다고 스스로 착각에 빠지게 된다. 자신이 무슨 득도의 경지에 이른 양 견뎌낸다. 내 안의 내가 곪아가는데 자꾸 겉만 살펴댄다. 자신이 부족해서라고 탓하며 외부의 자극에 나를 내맡긴다. 책을 읽을수록 강연을 들을수록 자신은 점점 무기력한 존재가 되어간다.

그런데 생각해보자. 나는 정말 아무것도 아닌 나약하고 초라한 존재인가. 그간 내가 살아온 삶의 여정은 별것 아니었던가. 그렇지 않다. 각자의 역량에 맞추어 자신의 속도대로 방식대로 뚜벅뚜벅 걸어 지금에 이르렀다. 속도가 빠른 이도 있을 것이고, 다소 느린 이도 있을 것이다. 삶의 여정을 만들어가는 방법에는 나름의 방법이 있을 것이고, 적절히 속도 조절을 하며 자신만의 삶의 형태를 만들었다. 드러나는 모습이 화려해 보이는 삶도 단아하고 정갈해 보이는 삶도, 시끌벅적한 삶도 조용한 삶도 형태는 다르지만 우리 모두 각자의 수고를 덧대고 덧대 빚어낸 삶의 모습임에는 틀림이 없다.

그런 자기의 수고를 더는 외면하지 말았으면 좋겠다. 내가 나를 알아봐주지 않으면 누가 나의 수고를 알아줄까. '당신 참 수고했어요', '잘 살아왔어요'라고 스스로 인정해주어야 한다. '당신, 그동안 얼마나 힘들었어요. 가장으로, 아버지로, 어머니로, 참 많이 힘들었지요?', '두 어깨 짊어진 삶의 무게가 무척이나 무거웠지요?', '두 주먹 꽉 쥐고 이 악물고 지금까지 잘 버텨왔어요'라고 토닥여주어야 한다.

온전한 나의 시간을 가진 적이 언제였는지 떠올려보자. 지금껏 타인의 나로 살아오지 않았는가. 그것도 모자라 스스로 자기계발이라는 미명 아래 또 다른 굴레를 덧대고 있지 않은가. 책 몇 권 더 읽는 것보다 유명 강사의 강연을 듣는 것보다 외국어 공부를 하고 재테크 강의를 듣는 것보다 어쩌면 우리에게 더 중요한 것은 자기 내면의 소리에 귀 기울이고 마음을 읽어내고 내 지나온 서사를 되돌아보는 일일지도 모른다.

지금 내가 가장 중요하다고 믿고 있는 '그것'보다 사실은 더 시급하고 중요한 일이 있지는 않은지 생각해봐야 한다. 본질을 제대로 파악하지 못하면 우리는 늘 무언가에 쫓길 뿐이다. 시간, 돈, 명예일 수도 있는 그 무언가에 쫓겨 살다 보면 삶의 주도권은 내게서 점점 멀어지고 만다. 그러니 지금이라도 무엇을 우리 삶의 우선순위에 둘 것인지 명확히 하자.

인생의 가장 행복했던 순간을 꼽아보라고 하면 당신은 어떤 장면이 떠오르는가? 과거를 추억할 수 있는 행복하고 구체적인 순간들이야 얼마든지 있다. 혹 미래의 행복한 순간은 어떤 모습일지 떠올려본 적 있을까! 과거는 추억할 수 있고 현재는 진행 중이다. 과거의 추억은 아무리 찬란한들 과거일 뿐이고 현재를 잘 산다는 사람들은 지금만을 열심히 살아가고 있다.

앨범 속 사진에서 과거의 행복한 순간을 소환하듯 미래의 행복을 현재로 가져올 수 있다면 얼마나 좋을까. 미술관 벽면에 걸려 있는 그림을 감상할 때 우리는 종종 황홀한 기분에 빠져든다. 멋진 예술작품을 감상하는 것처럼 미래의 인생을 감상하듯 살아갈 수 있다면 어떨까?

흔히들 인생을 예술에 비유하곤 한다. 인생이라는 미술관에 걸려 있는 미래의 내 모습이 한 점의 예술작품이라고 상상해보자. 미래의 되고 싶은 내 모습이 선명하고 구체적일수록 현재를 더 잘 살아가게 되지 않을까. 시간의 변화가 아닌 상태의 변화에 초점을 맞추고 예술작품같이 황홀한 내 미래의 모습을 가슴에 품어보자. 미술관에서 작품을 감상하듯 한 발 물러나 인생을 관망하며 살아간다면 내 인생도 하나의 황홀한 예술작품이 되지 않을까?

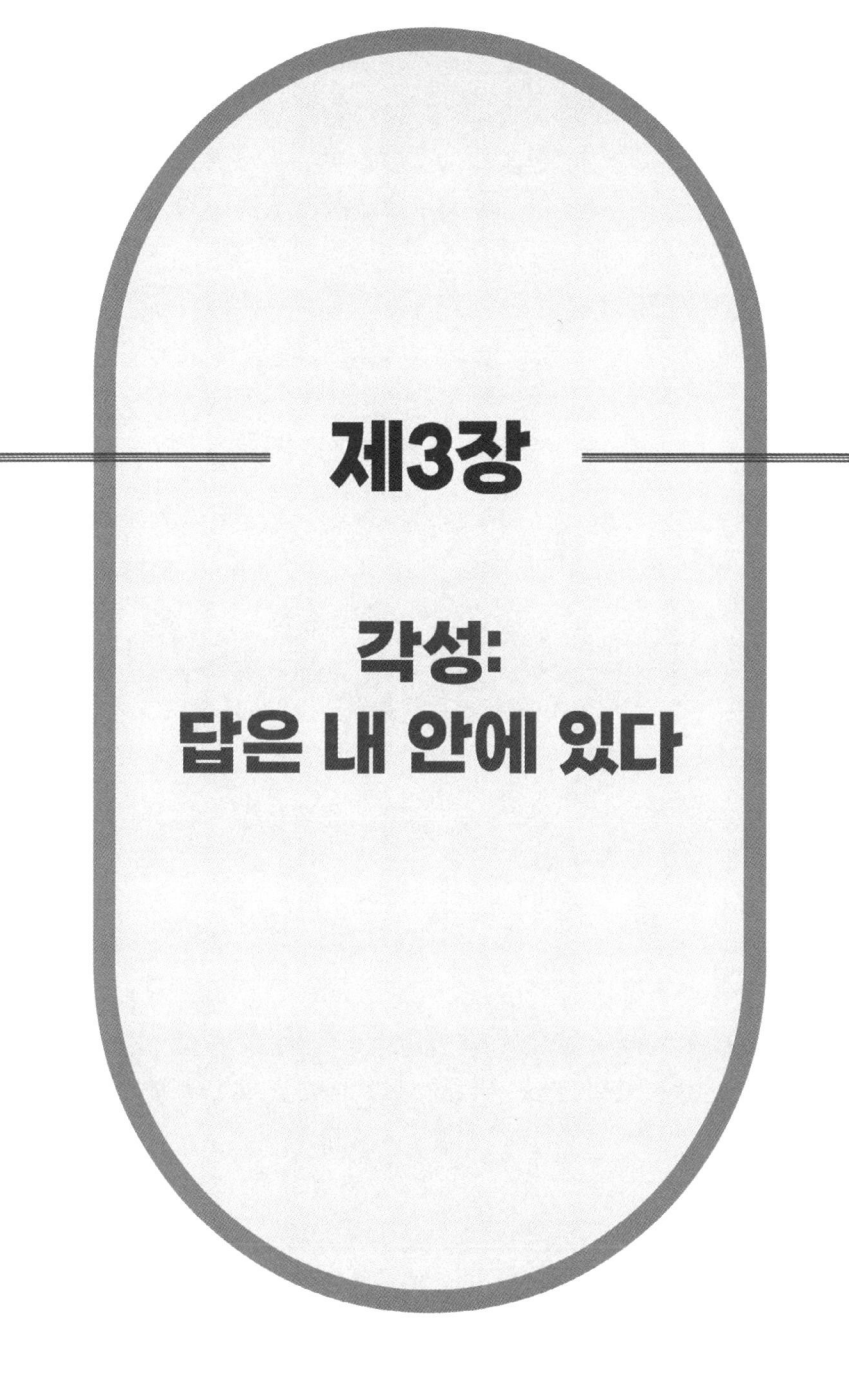

제3장

각성:
답은 내 안에 있다

01

절대적 믿음

　나에게는 두 아이가 있다. 세상 무엇과도 바꿀 수 없는 소중한 사랑이다. 아이는 내게 많은 걸 깨닫게 해준다. 인내, 애틋함, 희생, 사랑 그리고 믿음. 아이를 낳아 키우면서 이제껏 느껴왔던 감정들과는 비교할 수 없는 심연의 마음들과 수시로 만나곤 한다. 일시적이긴 하지만 주체할 수 없는 분노를 느끼기도 하고 세상을 다 가진 듯한 행복감에 한껏 고무되기도 한다.

　어느 날 혼자 심부름을 다녀온 적 없던 아이가 처음으로 마트에 갔다. 짜장라면이 무척이나 먹고 싶었던 모양인지 첫 심부름에 도전하기로 했다. 출발 전부터 아이와 나는 집에서 마트까지 로드맵 시뮬레이션을 몇 번이나 했다. 안쪽 주머니에 카드를 꼭 넣고 떨리는 마음으로 아이가 현관문을 나선다. 걱정이 되기는 나도 마찬가지였다. 한참이 지나도 오지 않는 아이를 초조하게 기다리며 괜히 혼자 보냈다고 자책했다. 한참 후 현관문 비밀번호를 누르는 소리가 들렸다. 오른쪽 옆구리에 짜장라면을 끼고 왼손에 카드와 영수증을 쥔 채 아이는 함박웃음을 지어 보였다. 나는 환호했고 아이는 기쁨을 감추지 않았다. 개선장군의 모습으로 신발을 벗는 아이는 흥분을 가라앉히지 못한 채 자신의 첫 모험담을 자랑스럽게 이야기했다.

마트에 도착해 수많은 짜장라면 중에 우리가 먹는 짜장라면을 찾는 첫 번째 난관부터 포인트 적립을 묻는 캐셔 아주머니의 두 번째 위기를 무사히 넘기고 미션을 완수해 당당히 마트를 빠져나오기까지 아이는 무척 긴장되고 떨렸다고 했다. 돌아오는 길에는 여유가 생겼는지 놀이터에 들러 좋아하는 그네도 탔다고 했다. 어떻게 떨리는 마음을 진정시켰냐는 물음에 "길을 가면서 계속 '난 할 수 있어! 할 수 있어!'라고 주문을 외웠어" 흥분한 채 대답한다. 그런 아이를 바라보며 설명하기 힘든 다양한 감정들이 북받쳤다.

이 모든 감정의 배경에는 사랑이 있다. 부모가 되고 나서야 사랑이 무엇인지 알게 되었다. 그것은 '절대적 사랑'이다. 절대적 사랑은 온전한 믿음에서 나온다. 우리는 한순간도 서로의 사랑을 의심하지 않는다. 아이와 나는 분명 독립된 개체이다. 한 몸처럼 느끼지만, 엄밀히 말해 우리는 서로에게 타인이다. 그런데도 자신보다 더 사랑하고 무한한 신뢰를 보낸다. 나는 스스로에게야말로 이런 아낌없는 사랑과 절대적 지지를 주어야 한다고 생각한다. 아이 혼자 현관 밖으로 나가는 그 순간 나는 온갖 위험을 떠올렸다. 그러나 아이는 할 수 있다고, 설사 실패해도 그것조차 좋은 경험이 되겠다고 생각했다.

  이제껏 나는 불안했다. 끊임없이 나 자신을 의심했다. 내가 할 수 있을까? 이 결정이 잘못되면 어쩌지? 그렇다고 번번이 의심만 했던 건 아니다. 스스로 격려하기도 자신하기도 했다. 다만 아이를 믿듯 나를 온전히 믿지는 못했다. 불안이라는 자연스러운 감정을 걸림돌로 여겼다. 늘 그렇듯 문제는 문제를 낳고 나는 불안이 스민 일상을 살았다. 아이의 실패는 격려하면서 내 실수나 실패는 외면한다. 아이의 새로운 도전은 얼마든지 허용하면서 정작 내 시도는 위험한 모험이라며 자중한다. 모험은 시작부터가 위험에서 출발한 것인데도 말이다.

  지금까지와는 다른 삶을 살고 싶다면 모험이 일상이 되

는 삶을 살아야 한다. 그러지 않고서는 바라는 새로운 삶은 절대 오지 않을 것이다. 살아지는 인생이 아닌 살아가는 인생을 꿈꾸어야 한다. 내 부모가 나를 믿어준 것처럼, 내가 아이를 믿어주는 것처럼 자신을 믿어보자. 온전히 지지해 주는 단 한 사람만 있어도 그의 인생은 희망으로 점철된다. 그 한 사람이 나여도 상관없다. 오히려 '나'라면 더 좋겠다.

과거는 지나간 것이고 이미 모두 경험한 것이다. 과정과 결과가 분명하기에 충분히 잘 알고 있다고 생각하지만, 그 속에서도 미처 알아차리지 못하고 놓쳐버린 아쉬운 일들이 있다. 하물며 지나온 과거도 그러한데 닥치지도 않은 미래를 정확하게 예측하겠다는 생각은 오만이다. 내 시선의 시점을 과거나 미래가 아닌 현재로 가져와보자. 그러기 위해서는 자신에 대해 무모하리만큼의 믿음을 가져야 한다. 호기로 가득했던 지난날의 나를 불러내도 좋다. 불러낸다 한들 그 역시 과거의 나는 아닐 것이다. 지금의 나는 과거를 지나 지금을 거쳐 미래로 가는 중이니까.

나이를 먹는다는 건 참 재미있는 일이다. 열정으로 무장한 뜨거운 내가 적당한 온도를 찾아 알맞게 식어가는 과정을 만끽할 수 있다. 마흔은 그 변곡점이다. 너무 뜨겁지도 않고 그렇다고 너무 차갑지도 않은 그러나 뜨거웠던 시절을 여전히 가슴 한편에 간직한 채 살아간다. 할 수 있는 일과 할 수 없는 일을 구분하고, 해야 할 일과 하지 말아야 할 일을 분별하여 유한한 에너지를 잘 분배하여 쓸 수 있는 나이. 그래서 뜨겁지만 차가울 수 있다.

마흔의 문턱에서 나답게 살고 싶다는 간절함이 더는 나를 내버려두지 않았다. 나를 흔들었고 나는 요동쳤다. 한 번뿐인 인생, 후회나 미련 없이 살아야겠다고 다짐했다. 세상을 뒤바꾸고 싶은 야망이 아닌 그저 '나' 하나 바꿔보고 싶은 소망이었다. 내가 바뀌어야 내 삶도 바뀔 테니 나를 채근했다. 채근을 넘어 강박에 가까워지자 멈추었다. 제대로 성장하지 못했는데 브레이크를 밟았다. 분명 출발은 제대로 했는데 중간에 길을 잃었다. 달릴수록 목적지에서 멀어지는 기분을 떨칠 수가 없었다.

자신을 온전히 믿지 못하고 여전히 타인에게 의지하려는 마음이 삶의 방향을 또다시 흔들었다. 불안해도 조급해도 변화에 대한 간절한 마음만큼 변화할 수 있으리라는 '믿음'이 필요하다. 나를 믿는 데 어떤 조건이 필요한 건 아니다. '그냥' 믿는 것이다. 다른 엄마랑 비교해서 좋은 게 아니라 우리 엄마라서 좋은 것처럼 말이다.

　상황과 환경은 언제든 변할 수 있다. 다른 사람과 나를 비교하며 흔들릴 수 있지만 주저앉지는 말자. 어떤 상황에서도 자식을 포기하는 부모는 없듯이 부모의 마음으로 나를 보듬고 가자. 허세여도 좋고 건방이라도 상관없다. 내 인생 내 뜻대로 살 수 있다고 믿고 또 믿자. 내가 해야 할 일은 그 믿음을 절대로 배신하지 않는 것이다.

02

힘 빼기

이 글을 읽고 있는 당신은 나와 같은 부류의 사람일 것이다. 이것저것 계획을 세우고 그것을 지키기 위해 부단히 애를 쓴다. 주어진 일에 최선을 다하고 시키지 않은 일도 잘한다. 자신의 기질이나 재능에 상관없이 해야 하는 일이라면 혹은 하고 싶은 일이라면 어쨌거나 시작하고 끝을 본다. 힘들다는 말도 하지 않지만, 투정을 부리면서도 기어이 일을 벌인다. 한편으로는 그런 자신을 대견하게 여기기도 한다. 책임감과 성실함에 둘째가라면 서운한 당신과 내 문제는 '너무 열심히 한다'는 데 있다.

어느 책에선가 최선을 다하지 말라는 글귀를 본 적이 있다. 죽을힘을 다해도 성공할까 말까인데 최선을 다하지 말라니 무슨 말도 안 되는 소린가. 이제는 그 말이 어떤 뜻인지 알 것 같다. 힘을 빼라는 말이다. 어떤 일이든 힘을 줘야 할 때와 빼야 할 때가 있다. 요령 없이 계속 밀어붙이다가는 결국 일을 그르치게 된다. 성실하다고 칭찬받기는커녕 미련하다고 핀잔당한다.

반년 전 시작한 골프가 늘지를 않는다. 매일 연습장을 찾지만 얼마나 잘못 쳤는지 아침이면 주먹이 쥐어지지 않을 정도다. 백스윙은 궤도를 못 찾고 비거리는 짧다. 클럽을 던지듯 놓아주라는데 놓아주기는커녕 움켜쥐니 마무리도 어정쩡하다. 골프는 '힘 빼기가 반'이라던데 그게 쉽지 않다. 골프만이 아니다. 사실 모든 일이 그렇다. 너무 잘하려고 온갖 힘을 주면 제 기능을 발휘하지 못할 때가 많다. 잘하고자 하는 마음이 앞서면 힘이 들어가고 우리 몸은 경직된다. 거기에 빨리 뭔가 이루겠다는 마음마저 앞서니 스트레스가 극에 달한다. 악순환이다.

최근 TV 예능 프로그램에서 프로선수와 아마추어 연예인이 같이 공을 치는 모습을 자주 보게 된다. 재미있는 건 프로는 가볍게 툭 친 것 같은데 정확히 원하는 지점에 공을 보내고, 아마추어는 있는 대로 폼을 잡고 쳐도 엉뚱한 곳에 공을 보낸다는 점이다. 들인 힘만 보면 후자가 더 멀리 보냈어야 하는데 이상하다. '잔디 밥'이라고 표현하던데, 그게 바로 축적한 시간의 차이 아닐까. 프로가 되기 위해 그동안 얼마나 많은 연습 시간이 있었겠는가. 겨우 몇 개월 연습으로 그가 프로가 되지는 않았을 것이다. 꾸준한 연습이 그의 실력을 만들었다.

   누구나 잘하고 싶다. 하지만 잘하고 싶은 마음이 너무 앞서면 완급 조절에 실패한다. 잘하고자 애쓰는 마음이 시간의 무게를 넘어서면 부작용이 생긴다. 아이 둘을 키우면서 나는 종종 자가당착에 빠진다. 큰아이를 키울 때는 절대 용납할 수 없던 일이 둘째를 키우면서는 자연스레 받아들여진다. 같은 상황에서 둘째에게 더 많은 아량이 허락되는 이유는 첫째를 키운 경험의 시간 덕분일 것이다.

   시간은 그렇게 우리가 성숙할 기회를 제공해준다. 아마추어가 프로가 되고 어설픈 엄마가 현명한 엄마가 되도록 말이다. 그러니 너무 처음부터 완벽해지려고 애쓰지 말자. 처음에는 어설퍼도 괜찮다. 지속할 힘을 남겨두자. 단숨에 무엇을 이루려고 욕심부리지 말자. 내 힘만으로는 멀리 공을 보낼 수 없다.

   삶을 충분히 지속할 때 우리는 성숙해진다. 나는 잘난 인간보다 성숙한 인간이 되고 싶다. 삶이 내게 준 많은 것들을 충분히 알아차리는 성숙한 인간으로 살고 싶다. 그동안 우리는 조바심을 이기지 못해 퍽 팍팍한 삶을 살아오지 않았나. 인디언은 말을 타고 달리다가 가끔 멈추고 뒤를 돌아본다고 한다. 혹여 내 영혼이 몸을 쫓아오지 못할까 봐 기다려주기 위해 말이다. 우리도 우리를 좀 기다려줄 수 없을까?

중년의 나이가 되어 좋은 점은 할 수 없는 일에 힘을 덜 쏟을 수 있는 '주제 파악'이 과거보다 수월해졌다는 것이다. 젊을 땐 무엇이든 할 수 있을 것 같고 또 그래도 된다. 설사 그것이 무모함이어도 칭찬받는다. 젊음은 모든 것을 용인받기 참 좋은 때다. 그렇지만 푸른 젊음의 시기를 지나온 우리는 그들과는 다른 질감을 가지고 있어야 할 것이다. 그래도 인생을 조금 더 살았는데 여전히 거칠고 투박하기보다 알아볼 수 있는 정도의 형태를 갖추고 조금이나마 매끄러워져야 하지 않을까.

그러기 위해 긴 호흡이 필요하다. 내가 살고 싶은 인생을 상상해 내 방식과 속도에 맞춰 천천히 만들어가야 한다. 다른 이들과 경쟁할 필요도 없다. 누군가 대신 살아줄 수 없는 내 인생이지 않은가. 화려하지 않으면 어떤가. 더디면 좀 어떤가. 각자 인생대로 즐기면서 살면 된다. 너무 완벽하기 위해 애쓰지 말자. 자신이 즐겁고 행복하면 잘 사는 인생이다. 이제는 열심히 말고 즐겁게 살고 싶다.

03

속지 말자

   서점에 가면 조급해진다. 판매대에 놓인 책들이 나를 전방위로 압박한다. 〈당신만 모르는…〉, 〈누구나 꼭 읽어야 할…〉, 〈인생의 마지막…〉, 〈소액 투자로 3년 만에…〉. 제목만 봐서는 당장이라도 책을 사서 비밀의 문을 열어야 할 것 같다. 유명인의 추천사는 나를 더 자극한다. 놀라운 책이라는 찬사가 덧붙여 있다. 나만 모르는 게 왜 이렇게 많은지, 이렇게 금방 돈을 벌 방법이 있는데 여태껏 뭘 하고 있었는지 머릿속이 멍해진다.

   집으로 돌아와 책을 펼친다. '그래, 그렇지, 맞아.' 고개를 끄덕이며 책장을 넘긴다. 중간중간 동의하기 어려운 부분도 있지만 대체로 맞는 말이라는 데 합의하고 책장을 덮자 불쑥 '그래서?' 물음표가 튀어 오른다. 책에 쓰인 말들이 틀린 말은 아니다. 그렇다고 크게 새로울 것도, 놀라울 일도 아니다. 누구나 알고 있는 내용을 잘 정리한 듯한 '이론서'와 어떻게 실천해야 하는지 다룬 '실천 편' 정도로 구분된다. 심지어 어떤 저자는 자신은 이렇게 치열하게 노력했다며 독자를 마구 나무라기도 했다. 기분이 썩 좋지 않다. 읽고 나니 허망한 기분이 든다. 제목이 이렇게까지 자극적일 필요가 있었을까? 책의 내용과는 상관없이 상업적으로는 성공한 책임은 인정하지 않을 수 없다.

  책을 읽으면 읽을수록 강의를 들으면 들을수록 뭔가 찜찜한 기분에 사로잡힌다. 가려운 곳은 여긴데 엉뚱한 곳을 긁어대는 기분이다. 시원하지 않다. 점점 더 미궁 속으로 내몰리는 기분이다. 책이 잘못한 걸까? 아니다. 책은 잘못이 없다. 내가 요행을 바란 탓이다. 내가 조급했기 때문이다. 내가 불안했기 때문이다. 누군가 어렵게 걸어가 만들어놓은 반듯한 길을 나는 편히 걷고 싶었다. 돌부리도 없고 잡초도 없고 발에 걸리는 것 하나 없이 곧게 뻗은 길을 산책하듯 가고 싶었나 보다. 한참 '꽃길만 걸으세요'라는 문구가 유행했다. 꽃길, 상상만 해도 얼마나 아름답고 편안한 길인가. 나도 너도 꽃길만 걷고 싶다 했다. 그러던 어느 순간 그 말이 불편했다. 인생이 어디 꽃길만 있겠는가. 꽃길만 있으면 그게 꽃길인지 흙길인지 구분할 수 없다. 두 갈림길에서 아무도 가지 않은 길을 가겠다는 사람과 꽃길만 가겠다는 사람의 훗날이 상상되는 이유다.

 작년 가을 제주도로 여행을 다녀왔다. 매해 가던 제주를 코로나 때문에 3년 만에 찾았다. 이번 여행은 제주에 사는 지인의 추천으로 오름에 오르기로 했다. 여러 차례 제주를 방문했던 우리도 오름은 처음이었다. '녹고뫼' 오름 입구에서 우리는 기겁했다. 오름으로 올라가는 초입까지 아스팔트가 반듯하게 깔려 있었는데 그 위에 말똥이 얼마나 많던지. 꽃길만 걷게 해주지는 못할망정 '똥길'을 걷게 해주냐고 지인에게 진심을 섞어 우스갯소리를 했다. 아이들은 말똥을 요리조리 피해가며 신이 났다. 마치 어떤 미션을 수행하는 양 즐거워했다. 꽃길의 향기는 없었지만 똥길이 더럽거나 피하고 싶은 길도 아니었다. 그런 똥길을 지나 오름에서 내려다본 제주는 참 아름다웠다. 꽃길이든 똥길이든 내가 직접 가보지 않고는 어느 길이 더 좋은지 알 수 없다.

 여러 번 책 제목에 낚이다 보니 나름의 해석 요령이 생겼다. '당신만 모르는', '누구나 꼭 알아야 하는'으로 시작하는 책은 대체로 원론적인 이론에 가까운 책이고, '소액 투자' 책은 대체로 특정 시기나 지역에 따른 사례집인 경우가 많다. '부'와 관련된 책은 소득을 늘리거나 지출을 줄이라는 말로 요약할 수 있는데 결국 부자들은 기본에 충실하며 끊임없이 공부했고 아이디어를 실천에 옮기며 수익으로 연결한다는 사실 좀 뻔한 이야기가 대부분이다. 종잣돈을 만들기 전까지 절약과 절제는 필수고 소득을 늘리기 위한 다양한 방법들을 소개하지만, 딱히 새삼스러울 것도 없다. 중요한 건 누가 얼마나 알고 있는지보다 아는 것을 얼마나 실천으로 옮길 수 있고 얼마나 지속할 수 있는가이다. 그리고 이미 책으로 나온 방법은 경쟁자가 많아져 더 큰 노력이 필요하다는 불편한 진실도 기억해야 한다.

이제는 서점에 가도 쫄지 않는다. 당장이라도 책을 사서 집으로 돌아와 밑줄을 쳐야 할 것 같은 조급함이 사라졌다. 새로운 지식의 주입보다 이미 알고 있는 지식의 활용과 도출이 중요하다는 사실을 깨달았다. 세상에 나만 모르는 정보가 어디 한둘이겠는가. 모두가 알아야 하는 사실이라면 조만간 알게 되겠지. 절약하는 소비생활보다 아예 구매하지 않는 방법이 더 남는 계산이고 100그램에 370원인지 375원인지 비교하며 여러 사이트를 전전하느니 필요한 만큼만 얼른 구매하고 다른 일을 하는 게 시간 비용 면에서는 훨씬 남는 장사인 셈이다.

공부 잘하는 학생과 그렇지 못한 학생의 차이를 한마디로 요약해달라는 요청에 '중요한 것이 무엇인지 아는 학생과 모르는 학생'이라고 대답하는 걸 들은 적이 있다. 중요한 게 뭔지 알아야 시험을 대비할 텐데 뭐가 중요한지 모르는 학생은 교과서 전체에 밑줄을 긋는다. 우리 삶도 마찬가지다. 내가 무엇을 놓치진 않을까 노심초사하느니 알고 있는 것부터 제대로 점검해야 한다. 모든 것을 다 알아야 성공하는 건 아니다. 삶의 우선순위를 구분하고 중요한 일에 얼마나 집중할 수 있는지, 얼마나 노력을 기울일 수 있는지 되새겨봐야 한다.

단숨에 산 정상에 오를 방법은 없다. 걷거나 뛰거나 아니면 케이블카라도 타야 한다. 걸어서 가면 시간은 다소 걸리더라도 주변의 경관도 감상하며 즐겁게 오를 수 있다. 뛰어서 올라가면 처음 얼마간은 빠르게 올라갈 수 있겠지만 주위 경치는 눈에 담을 새도 없을 것이고 시간이 지날수록 속도는 더뎌질 것이다. 케이블카를 타고 가면 다리도 아프지 않고 가장 빨리 정상에 도착하겠지만 정해진 길로밖에 갈 수 없다. 어느 방법을 선택하든 산의 정상에 도달한다는 결과는 같지만 내 상황과 능력을 조율하며 오를 수 있는 자율성에는 분명 차이가 있다. 긴 호흡으로 삶을 바라보면 굳이 서두르거나 쫓길 이유가 있을까?

  나는 인생이 재미있으면 좋겠다. 재미있게 살기 위해 다양한 경험에 나를 노출할 작정이다. 반듯하게 닦인 잘 포장된 길보다 이리로도 가보고 저리로도 가보고, 이 사람도 만나보고 저 사람도 만나보고, 1년 내내 한 권의 책을 깊이 있게 읽어보기도 하고, 그림도 그려보고, 악기도 연주하고, 이 운동도 배워보고 저 운동도 배우면서 말이다. 인생에 정해진 정답은 없다. 내가 중요하다고 생각되는 일들을 앞에 두고 내 의지대로 내 상상대로 만들어가면 그만이다.

04

진짜 자기계발일까?

같은 풍경이 유난히 거슬리는 날이 있다. 그날 책장이 그랬다. 여가를 넘어 매진하다시피 읽어대던 책들이 책장을 가득 메우고 있었다. 책을 품은 책장이 답답해 보였다. 보기 좋게 분야별로 분류해 꽂아둔 책들의 제목을 훑다 책 한 권을 꺼내 넘겨보았다. 노란 색연필로 그어진 밑줄과 휘갈겨 남겨둔 메모가 곳곳에 보인다. 빼곡히 들어찬 밑줄과 메모가 생소하다. 귀접이 해놓은 페이지가 넘쳐나는 걸 보니 크게 감동한 책인 듯한데 처음 읽는 듯한 신선함에 당황했다. 그날 책장의 절반을 비웠다. 시기가 지나 실효성이 없는 책, 중언부언한 이야기로 가득한 책, 더는 손을 댈 것 같지 않은 책들을 바닥에 꺼냈다. 듬성듬성 비어 있는 책장이 이제야 숨을 쉬는 듯하다.

다 기억하지도 못할 거 뭘 그렇게 정신없이 읽어댔을까.

뭐 대단한 책이라고 엄마를 부르는 아이에게 한번 눈길도 주지 않았을까. 창밖의 풍경 탓인지 기분 탓인지 이런저런 생각이 올라온다. 미래에 대한 불안과 지금의 불만에 내몰려 책을 읽고 강의를 듣고 무엇이라도 해야 했던 걸까. 공부가 취미냐고 묻는 이에게 어색한 웃음으로 대답을 대신한 건 나조차 스스로 묻고 싶은 말이기 때문은 아니었을까.

자기계발에 진심인 사람들은 성실하고 열정적이다. 그런데도 자신이 부족하다며 끊임없이 무언가를 강요한다. 전쟁 중 기세를 몰아 영토를 확장해가듯 배움의 영역을 확장해간다. 지인 중에는 자격증이 손가락 발가락을 합해도 모자란 사람이 있다. 한 번씩 연락할 때마다 관심 분야가 상상을 초월하는 사람도 있다. 이 강의는 어떻고 저 강사는 어떻다고 자신의 경험담을 끝도 없이 풀어내주는 이도 있다. 어지간한 자기계발 책은 이미 다 섭렵했다. 사실 나도 그런 사람 중 한 명이다. 나에게 당신에게 묻고 싶다. 그래서 삶이 좀 달라졌는지.

이른 새벽 이불을 걷어내고 몸을 일으키는 순간부터 치열한 하루가 시작된다. 커피를 내리고 향초를 켜고 잠깐의 명상을 하는 등 나만의 의식을 치르고 책상에 앉는다. 뭘 하지도 않았는데 벌써 뭔가를 해낸 우쭐한 기분이 든다. 새벽 시간은 불안을 감쇄하는 치유의 시간이기도 하고, 무언가에 집중할 수 있는 몰입의 시간이기도 하다. 책을 읽는 시간은 작가의 시선으로 나를 목도하는 시간이자 생각의 지평을 넓혀주는 시간이다. 자기계발, 좀 더 비장하게 표현하자면 자기혁신의 시간을 지나왔고 지금도 수시로 그 세계를 넘나들고 있다. 앞서 독서는 게으른 나의 도피 행위였다고 고백하였다. 생각해보니 독서만이 아니다. 자기계발이라며 했던 내 모든 행동이 '회피'였다. 비겁하다. 정작 해결해야 하는 현실의 문제들은 그대로 두고 마치 다른 세상이 열릴 것만 같은 환상에 나를 집어넣었다.

배가 고플 때는 무엇이든 맛있어 보인다. 냄새만 맡아도 침이 고이고 한없이 먹을 수 있을 것 같다. 하지만 배가 너무 고프면 평소보다 많이 먹지 못한다. 허겁지겁 먹다 금방 배가 불러버린다. 제대로 씹지도 않고 정신없이 먹은 탓에 소화불량에 걸리기도 한다. 이것저것 좋아 보이는 것들을 마구잡이로 배우다 보면 '학습 소화불량'에 걸릴지도 모른다. 남들이 좋다니까 혹은 좋아 보여서 자신의 기질이나 능력과 무관하게 시작한 배움은 내 체력만 낭비할 뿐이다.

어떤 일을 하는 데 방법보다 더 중요한 게 목적이다. 그것을 왜 하는지 확실한 주관이 존재하지 않으면 최선을 다하지 않을 뿐 아니라 쉽게 포기하게 된다. 그래서 목적을 위해 정진하기 위해서는 동기부여가 필요하다. 동기(動機)에는 외적(外的) 동기와 내적(內的) 동기가 있다. 남들이 하니까 나도 한번 해볼까 하는 마음은 외적 동기에 해당한다. 외적 동기는 기준이 타인이기에 대상이 사라지면 내 목적도 사라진다. 친구가 다이어트를 하니까 하는 건 외적 동기다. 그 일의 목적이 '밖'에 있기 때문이다. 최근에 체중이 늘어나 혈압이 높아졌다. 혈압을 낮추기 위해 체중을 감량하기로 다짐했다면 내적 동기에 해당한다. 목적이 '안'에 있기 때문이다. 어떤 일을 잘하기 위해서는 내적 동기가 필요하다. 누가 시켜서, 누구 때문이 아니라 내가 원해서, 나를 위해서 해야 한다. 내적 동기가 강할수록 그 일에 대한 목적이 뚜렷해진다. 목적이 뚜렷해질수록 해낼 수 있다는 자신감과 가능성이 커진다.

자기계발을 위해 무언가를 열심히 배우는 행위 자체가 문제는 아니다. 인간의 수명이 길어지고 의식 수준이 높아질수록 배움에 대한 갈증 역시 커지기 마련이다. 평생학습의 필요성이 대두되고 국가 차원의 시스템 마련이 필요하다는 의견에 매우 공감한다. 배움은 인간의 생존과 직결되며 이는 곧 삶의 질과도 연결된다. 그래서 더 목적과 이유 없이 '그냥' 배우기만 해서는 안 된다.

현실의 문제를 해결하지 않으면 앞으로 나아갈 수 없다. 경제적 문제가 있다면 이를 해결하는 데 필요한 공부를 해야 한다. 마음에 문제가 있다면 마음 챙김을 위한 수양을 해야 한다. 자녀와 문제가 있다면 자녀 양육과 관련된 공부를 해야 한다. 부부 사이에 문제가 있다면 당사자와 직접 대화를 해야 한다. 직장생활에 문제가 있다면 직장 내에서 해결책을 찾아야 한다. 나의 마음을 불편하게 하는 문제가 있는 곳, 그곳에서 출발해야 한다.

내 문제는 직장에 있는데 직장생활은 등한시하고 자기계발에만 집중하는 사람이 있다. 내 문제는 소득을 늘리는 것인데 강의만 듣는 사람이 있다. 진정 지금의 나보다 나은 내가 되고 싶다면 내 삶의 불안과 불편을 구체화하고 객관화해야 한다. 구체화하고 객관화할수록 해결책 또한 분명해진다. 수면 위로 올라온 문제를 직시하고 행동에 옮겨야 한다. 내 삶에 적용하지 않으면 그것이 올바른 방법인지 필요한 공부인지 알 수 없다. 내 삶이 개선되지 않으면 그것을 지속할 이유가 없다.

그러니 주변 분위기에 휩쓸리지 말자. 자신의 에너지를 분산시키지 말자. 마주하고 싶지 않은 지금의 문제를 외면하고 우리는 멀리 갈 수 없다. 힘들지만 현실을 직시하여 정확한 진단을 내리고 그에 맞는 처방을 찾아야 한다. 다른 사람의 조언이나 충고를 구하기보다 스스로 자신의 삶을 자세히 들여다봐야 한다. 제3의 인물이 되어 나를 관찰해보자. 내가 타자를 대하듯 자신의 삶을 바라보면 좀 더 객관적인 시각을 가질 수 있다. 내 진짜 문제가 무엇인지 찾아내야 한다.

혹 이 글을 읽는 독자 중에 '나는 문제가 없는데'라고 생각하는 이도 있을 것이다. 아니다. 문제가 없는 것이 아니라 문제를 찾지 못한 것이다. 스스로 인지하지 못할 만큼 무뎌졌을 수도, 그럭저럭 살아지기에 굳이 꺼내 들고 싶지 않아 저 아래 묻어두었을 수도 있다. 아니면 정말 무엇이 문제인지도 모를 수 있다. 그러니 이제부터 충분한 시간을 가지고 자신을 관찰해보자. 나는 이걸 왜 배우지? 나는 왜 이렇게 자기계발이란 화두에 목을 매지? 급할 것 없다. 문제는 내 인생의 보물이다. 내가 원하는 삶을 살 수 있게 도와줄 것이다. 보물찾기하듯 구석구석 잘 살펴보자. 현재 내가 하는 일 중에 꼭 지금 하지 않아도 되는 일부터 멈춰보자. 덜어내고 덜어내다 보면 지금 아니면 안 되는 그 일만 남을 것이다. 그게 진짜 내 자기계발이다.

05

학습보다 자습

　삶이라는 여행 중에 우리는 예상치 못한 일들을 종종 마주한다. 그것은 환상적인 경험일 때도 있고 피하고 싶은 사고일 때도 있다. 그래서 어딘가에 있을 것만 같은 인생의 정답을 찾기 위해 적잖은 수고를 기울인다. 정답이 뭘까. 정답이란 게 있기나 한 걸까. 주어진 문제가 동일해도 여러 가지 해법이 존재하는 게 우리네 삶이다. 같은 사물, 같은 현상을 보고도 바라보는 이의 시선에 따라 전혀 다른 답을 찾아낸다.

　요즘 나는 아이들의 사교육 문제에 고심 중이다. 평소 교육책도 자주 읽고 적지 않은 경험도 있건만 엄마로서 어떤 기준을 세워야 할지 여전히 헷갈린다. 지금까지 경험한 교육 방식에 품은 의문부터 교육의 궁극적 목적까지 어느 것 하나 명확히게 정의할 수 없다.

　나 역시 적지 않은 사교육을 경험했다. 필요해서 했던 것도 있고 남들이 하니까 했던 것도 있다. 치열한 경쟁 속에 노출되어 청소년기를 보냈다. 막상 사회인이 되고 보니 꼭 그래야 했나 의문이 생긴다. 대학에 들어가지 못하면 사회의 낙오자가 될까 두려웠고 취업에 실패하면 인생의 실패자로 낙인찍힐까 두려웠다. 내게 늘 길은 정해져 있었다.

그런데 어떤가? 대학에 진학하지 않아도 직장에 들어가지 않아도 성공한 사람들은 얼마든지 있다. 좋은 대학과 번듯한 직장을 관두고 새로운 분야에 뛰어드는 이가 얼마나 많은가. 자기계발을 하면서 다양한 사람들을 만났다. 모두가 치열한 경쟁을 뚫고 제법 성공한 밥벌이를 하면서도 비슷한 갈증과 바람으로 그곳에 와 있었다.

이럴 걸 왜 그렇게 한길에만 매달렸을까? 당시에는 세상 중요한 것 같은 일들이 지나고 보면 별것 아닌 일인 경우가 허다하다. 경험과 연륜의 부재일 수도 있고 안목의 부족일 수도 있겠지만, 삶에 대해 '스스로' 치열하게 고민하지 않은 이유가 가장 크다. 단순히 나이를 기준으로 세운 인생 계획이 아닌 어떤 모습의 인생을 살고 싶은지, 그러기 위해 나는 어떤 사람이 돼야 하는지에 깊은 성찰이 절실하다.

인간은 생각하는 동물이라고 했다. 인생의 선배들이 지

나간 길이라고 해서 무작정 따라서는 안 된다. 누군가 가르쳐주는 것만 배워서는 그를 넘어설 수 없다. 스스로 해답을 찾을 수 있어야 한다. 물론 그 과정이 쉽지만은 않다. 그런 면에서 인생은 꽤 엄격한 선생님이다.

질문을 할 수 없는 학원이 있단다. 수업이 끝나면 과제를 내주는데 학생들은 그 문제를 풀기 위해 수업 시간보다 더 긴 시간을 자습실에 머문다. 그래도 풀지 못하면 집에 가져가 풀어서 와야 한다. 학생들은 자신이 아는 모든 지식을 동원해 문제와 씨름한다. 보나 마나 문제를 푼 학생의 실력은 크게 향상될 것이다. '일타 강사'의 강의를 여러 번 듣는 것보다 시간이 걸리더라도 스스로 문제를 풀어낼 때 실력이 쌓인다. 기출문제는 인생을 사는 데 큰 도움이 되지 않는다.

자기계발이라는 카테고리 안에서도 커뮤니티가 생겨나고 소위 멘토라 불리는 사람을 중심으로 '팬덤'이 형성되기도 한다. 멘토는 자신의 성공 경험을 가지고 강의나 책을 통해 많은 사람에게 영향을 준다. 그들을 닮고 싶어 하는 멘티들의 규모가 커질수록 멘토를 신격화하는 기이한 현상이 나타나기도 한다. 마치 그늘이 인생의 대단한 답안지를 가지고 있는 양 여긴다. 그가 내 모든 문제를 해결해줄 거라 믿으며 그에게 의존하기도 한다. 하지만 나보다 그가 절대적으로 우월하다는 생각은 잘못된 생각이다. 스스로 치열하게 고민하지 않은 채 타인을 통해 자신의 문제를 해결하려는 시도는 어쩌면 자신의 문제에 대한 절실함의 결여일지 모른다.

자기 문제의 근원적 해결은 자신만 할 수 있다. 변형의 변형을 거듭하는 문제들은 '케바케(Case By Case)'라는 신조어까지 만들어냈다. 누군가가 가르쳐주는 것만 배운다면 비슷한 유형의 문제는 풀 수 있을지 몰라도 킬러(Killer) 문제는 풀지 못한다. 우리의 삶 역시 비슷해 보일 수는 있지만 똑같은 모양의 삶은 없다. 그러니 자신의 필살기, 자기만의 혜안을 가셔야 한다.

가장 확실한 방법은 시행착오를 겪는 것이다. 실패를 경험하는 것이다. 실수나 실패가 두려워 그저 배우기만 해서는 안 된다. 무엇을 배우든 배운 건 반드시 자신의 상황에 맞게 적용해보아야 한다. 새롭게 익혀야 한다.

시간이 더 걸리더라도, 당장 만족스러운 결과가 나오지 않더라도 '연마의 시간'을 가져야 한다. 그래서 내 필살기로 만들어야 한다. 그래야 제대로 배운 것이고 그래야 온전한 내 것이다. 그저 배우기만 해서는 나는 결국 그저 그런 사람으로 남을 것이다. 언제까지 멘토만 바라볼 수는 없지 않은가.

06

알면 사랑하게 된다

회사에서 한참 집단지성을 키운다며 사내 독서 모임을 운영한 적이 있다. 책 읽기를 좋아하는 나는 크게 불만이 없었지만, 직원 대부분은 썩 반기지 않았다. 사실 현업만으로도 바쁜데 의무적으로 매주 책을 읽고 생각을 나눈다는 게 쉬운 일은 아니다. 간부회의에서 책 선정이 끝나면 직원들은 그 책을 읽어야 했다. 함께 생각을 나누어야 했기에 같은 책을 읽을 수밖에 없었지만, 책 선택을 할 수 없다는 건 나 역시도 불만이었다. 대부분 인문학 서적을 읽었다. 내용은 모두 휘발되었건만 몇 개의 문장은 수년이 지난 지금까지도 기억에 남아 있다.

사회생활을 하다 보면 종종 내 기준으로는 이해가 되지 않는 사람들을 만나게 된다. 비단 직장에서만은 아니다. 여러 사람이 모이는 공공장소에서도 눈살을 찌푸리게 하는 일이 한둘이 아니다. 이미 우리나라는 선진국이라는데 상식에서 벗어난 태도를 보이는 사람들이 적지 않다. 어쩌면 나 역시 누군가의 기준에서는 상식을 벗어난 사람일 수 있다. 재미있는 사실이 있다. 좀 이상하다고 여겼던 사람과 친분이 생기면, 다시 말해 그 사람을 이해하게 되면 더는 상대가 이상하게 느껴지지 않는다는 점이다. 대상은 변함이 없는데 상대를 바라보는 내 시선이 달라진 것이다.

'알면 사랑하게 된다.' 최재천 교수의 〈통섭의 식탁〉에서 읽은 문장이다. 책 내용은 전혀 기억이 나지 않는데 이상하게 이 한 문장은 머릿속에 오랫동안 남아 있다. 그 후 나는 도저히 이해할 수 없는 사람이 생기면 그 사람을 알려고 노력했다. 저렇게 행동하는 데에는 분명 이유가 있을 거라고 생각했다. 물론 그런 노력조차 하기 싫은 사람도 있다. 세상의 많은 일은 '인과관계' 속에서 움직인다. 결과를 초래한 배경에는 언제나 이유가 있다.

다른 사람만이 아니다. 나 자신도 가끔은 스스로 이해되지 않는 선택이나 행동을 하는 경우가 있다. 겉으로 드러난 사실만 놓고 본다면 도대체 그런 결정을 왜 했는지 도무지 알 수 없다. 하지만 조금만 진지하게 생각하면 그때 왜 그런 선택을 했고 그런 행동을 했는지 알게 되는 순간이 있다.

큰아이가 어렸을 때 일이다. 구체적인 상황은 기억이 나지 않는데 아이가 좀 징징거렸다. 크게 운 것도 아니고 아이라면 지극히 자연스러운 행동이었다. 나는 유독 아이의 징징거리는 소리를 참지 못한다. 어린아이가 징징거리면 내 몸 세포 전체가 곤두서는 기분에 자신도 낯설 만큼 불안해진다. 네 살짜리 아이에게 불같이 화를 냈다. 왜 징징거리느냐고, 원하는 게 있으면 또박또박 말하라고 윽박질렀다. 아이는 순간 얼음이 된 듯 얼어붙었다. 이상했다. 자지러지게 운 것도 자주 징징거리는 것도 아닌데 어째서 나는 아이의 징징거리는 소리를 견디지 못하는 걸까.

심리상담을 받았다. 이 때문만은 아니었지만, 이 또한 이유가 되었다. 상담 선생님은 어릴 적 징징거리다 혼난 경험이 있느냐고 물었다. 엄마에게 물어보니 없다고 했다. 오히려 나는 몰래 숨어서 흐느끼는 아이였다고 했다. 선생님은 내게 네 살짜리 아이가 숨어서 우는 경우를 본 적 있는지 물었다. 없다. 아이가 우는 건 의사전달의 수단이다. 숨어서 우는 게 일반적이진 않다. 유년시절 나와 엄마도 기억하지 못하는 어떤 사건이 존재할 수 있다. 그것이 내 잠재의식 속

트라우마로 남아 나를 불편하게 한다는 사실을 알게 된 후 나는 아이의 징징거리는 소리에 전처럼 곤두서지 않게 되었다.

휴직 후 아이들과 온종일 지내보니 아이에게는 의외로 내가 모르는 부분이 많다는 사실을 알게 되었다. 내 자식이기에 모두 안다고 생각했는데 착각이었다. 자세히 살피지 않으면 놓쳐버리는 아이의 감정과 그로 인한 오해가 갈등을 불러오기도 했다. 우리는 자신을 완벽히 알고 있다고 생각한다. 하지만 매일 마주하는 형상의 나와 실존하는 나는 다를 수 있다. 그를 알기 위해서는 그에 관한 관심과 애정이 필요하다. 이는 사랑에 기반을 둔 노력이다.

우리는 자신에게 가장 인색하다. 다른 사람을 이해하기 위해 노력하면서 자신을 이해하는 데에는 충분한 노력을 기울이지 않는다. 자신이기에 모든 걸 알고 있다 여기지만 내가 어떤 기질인지 어떤 취향을 가졌는지 모르는 경우가 많다. 어느 날 뜻밖의 장소에서 우연히 마주하게 된 당신의 심장 떨림과 의외의 취향에 어리둥절해본 경험이 있을 것이다. 우리는 제도권 안에 길들어 살아온 존재들이다. 튀는 것을 경계했고 늘 타인의 눈치를 살피며 살았다. 내가 나에 대해 원하는 그 무엇보다 다른 이의 기준에 맞추려 애썼다. 타인과 다름은 곧 외로움이었고 나아가 두려움이었다. 각자의 개성과 취향보다 유행에 민감했다. 유행은 금방 사라진다. 그리고 새로운 유행이 생겨난다. 사라졌다 생겨나는 대중의 취향은 하나의 풍경 같은 것이다. 감상하고 말면 그만이다.

나는 커피를 좋아한다. 커피를 내릴 때 확 퍼지는 커피 향이 좋다. 첫 한 모금이 혀에 닿을 때 정신을 번쩍 들게 하는 쓴맛을 좋아했다. 자주 마시는 커피에 관해 더 알고 싶었다. 커피를 공부하면서 나는 내가 쓴맛보다 신맛의 커피를 좋아한다는 걸 알게 되었다. 그리고 커피 본연의 맛보다 커피를 마시는 분위기와 그런 공간에 머무르는 시간을 좋아한다는 걸 알았다. 예전부터 품어왔던 공간에 대한 욕망이 커피라는 직관적인 사물에 투영된 것이다. 우리는 눈에 보이는 현상이나 사실 이면에 숨겨진 진실을 알 때 비로소 그것을 이해했다 말할 수 있다.

일상에 길들어 혹은 외면하고 싶어서 진심으로 자신을 알고자 하는 데 소홀했다면 지금부터라도 스스로를 좀 들여다봐주길 바란다. 내가 나라고 믿었던 자신의 형상을 깨고 타인을 들여다보듯 나를 바라보자. 마음을 전하기 위해 상대를 유심히 관찰해 그가 좋아하는 것들을 알아내듯 자신의 행동 하나하나 그 이면에 숨어 있는 진실을 세심히 살펴보자. 설사 지금 내 모습이 마음에 들지 않더라도 하나씩 하나씩 나를 알아가다 보면 나를 더 이해하고 사랑하게 되지 않을까?

07

온라인 거리두기를 결심했다

　1,653개. 숫자가 거슬린다. 샛노란 색깔의 카톡 앱에는 언제나 빨간 숫자가 붙어 있다. 읽지 않은 메시지 숫자는 경고등처럼 나를 압박한다. 무시해도 되는데 굳이 앱을 열어 숫자를 지운다. 도대체 단톡방이 몇 개나 되는 건지. 사실 읽어보면 특별한 것 없는 이야기가 대부분이다. 이 사람 저 사람 이야기하다 보면 몇십 개 창이 생기는 건 금방이다. 비슷한 채팅방도 여러 개다. 중복된 정보들로 이 방 저 방에서 알람이 울려댄다.

　지친다. 같은 정보를 읽어야 하는 것도, 읽지 않은 채팅방 숫자를 지워야 하는 것도. 그런데도 쉽사리 채팅방에서 나오지 못하고 기웃대는 나도. 메시지 읽자고 집어 든 핸드폰을 이것저것 넘겨보다 보면 한두 시간이 훌쩍 지나버린다. 귀한 오전 시간을 쓸데없이 써버리다니 짜증이 올라온다. 핸드폰은 어른의 장난감이라더니 이건 장난감이 아니라 나를 조종하는 리모컨 같다.

  가족, 친구, 직장 단체 채팅방부터 강의마다 개설되는 채팅방까지 쪼개고 다시 묶이고 어느 방인지 헷갈리기도 한다. 브랜딩을 목적으로 각자의 오픈채팅방을 운영하는 지인들이 늘어나면서 '의리'로 나오지도 못하고 가입해 있는 채팅방은 또 몇 개나 되는지. 대화에 참여하지 않고 '눈팅'만 하는 것 역시 피곤하기는 마찬가지다. 점점 열정은 사그라들고 할 수 있는 반응이 없어진다. 이곳에서 나는 주변인이다. 있으나 마나 한 존재로 내 기운만 빼앗기느니 정말 필요한 채팅방만 남기기로 마음먹었다. 설정 버튼을 누르고 나가기를 누를까 말까 집게손가락을 폈다가 오므리기를 반복했다. 이까짓 게 뭐라고 고민을 하나. 결국 '탈방'을 감행한다.

  드디어 해방이다. '눈팅'의 수고를 덜어냈다. 중요한 정보를 놓치는 건 아닐까, 나만 소외되는 건 아닐까 싶던 불안한 마음은 곧 무덤덤해졌다. 채팅방에서 오고 가는 대화들을 몰라도 내 일상에는 아무 지장이 없었다. 열의 일곱은 탈출했는데 여전히 미련이 남아 발 담그고 있는 채팅방이 있다. 적극적으로 대화에 동참할 마음이 없다면 굳이 있어야 할 이유가 없는데도 말이다. 지우면 또 생기고 지우면 다시 생기는 숫자가 나를 점점 주변으로 밀어낸다. 언젠가는 이곳에서도 탈출을 감행할 것이다.

처음에는 필요 때문에 가입했다. 이 또한 삶의 변화를 위한 가상한 노력이었다. 함께 새벽을 맞이하고 해빗 트래커를 인증하고 각종 정보를 공유하고 책을 추천받았다. 잘 살고 싶은 마음, 열심히 사는 나를 아무도 알아주지 않을 때 차가운 디지털 기기 속에서 온기를 느꼈다. 마주하는 이들은 냉정하고 차가웠지만, 온라인 플랫폼 속 이들은 친절하고 따뜻했다. 무엇을 해도 잘한다 잘한다, 칭찬해주었다. 이곳에 비난과 질책은 존재하지 않는다. 응원과 위로만 가득하다.

그런데 따뜻하다 못해 뜨거운 공간에서 나는 공허했다. 자신의 존재를 알리며 점점 무대 중앙으로 들어가는 이들과 달리 나는 자꾸 뒷걸음쳤다. 지금 당장 내세울 게 없었다. 그렇다고 번번이 알맞은 정도의 반응을 보일 힘도 없었다. 성과를 내는 이들을 축하하지만, 질투가 나기도 했다.

내 그릇의 크기가 이것밖에 안 되는구나 자책했다. 자격지심은 나를 초라하게 만들었다. 점점 자신이 없어졌다.

온라인 거리두기를 결심했다. 나를 지키기 위한 안전한 거리두기가 필요했다. 사람에게는 안전지대(Comfort Zone)가 있다. 이는 물리적 공간으로서만이 아니다. 심리적으로 안정이 느껴지는 상황과 관계를 포함한다. 안정적인 상태에서 더 가까운 거리를 허용하는 것처럼 자신이 불편함을 느낀다면 억지로 거리를 좁힐 필요는 없다.

탈방 후 나는 편안해졌다. 풍요 속 빈곤처럼 무리 속에서 느껴지는 고독함은 혼자일 때 느껴지는 외로움보다 크다. 타인의 일상과 생각들을 공유하고 관계를 맺으며 얻게 되는 즐거움도 좋지만, 지금은 나에게 집중해야 하는 시간이다. 첫사랑은 잊기 어렵다는데 초심은 쉽게 잊힌다. 내 삶의 주인으로서 당당하게 행복하게 살겠다고 다짐했던 그 첫 마음을 결코 잊어서는 안 된다. 기웃대봤자 내 삶이 아니다.

함께 무리를 지어 지낼 때 우리는 편안함을 느낀다. 학창시절 새 학년이 될 때마다 나는 단짝 친구를 만들기 위해 애썼다. 점심도 같이 먹고 화장실도 같이 가고 내 속 얘기도 할 수 있는 그런 친구 말이다. 대개는 한 명이지만 네다섯

명 무리가 지어지기도 했다. 학업 성적만큼 중요하던 게 교우 관계였다. 친구 관계가 좋으면 그해 1년이 즐겁다. 좋은 관계를 유지하기 위해서는 노력을 해야 한다. 양보도 해야 하고 배려도 해야 한다. 내가 원하는 것을 참을 수 있어야 하고 친구가 원하는 것이 무엇인지 알아주기도 해야 한다.

이제는 나와 진짜 단짝 친구가 되어볼까 한다. 두 사람만 되어도 신경 쓸 게 얼마나 많은가. 여태껏 타인의 기준에, 그의 시선에 맞추기 위해 전전긍긍하며 보냈으니 나는 또 얼마나 많은 에너지를 소진했을까. 우리는 함께 어울려 살아야 하는 사회적 존재이기는 하지만 그보다 먼저 자신을 알아봐주고 인정해주고 아껴주어야 하는 지극히 개인적인 존재이기도 하다. 하나하나 반짝이는 존재들이 모여 아름다운 은하수의 장엄한 광경을 뽐내는 것처럼 먼저 내 삶이 반짝반짝 빛나게 만들어야겠다.

08

인정, 수용

"어쩜 저렇게 예쁠까." 거리에 나가보면 연예인 뺨치는 이들이 참 많다. 저마다 개성 있는 옷차림과 감출 수 없는 젊음이 싱그러움을 뽐낸다. 그런 그들을 바라보는 것만으로도 젊음을 함께 공유하는 것 같아 기분이 좋아진다.

오랜만에 하이힐을 신었다. 키가 작은 나는 학생 때부터 하이힐을 즐겨 신었다. 한여름엔 짧은 반바지에 롱부츠를 즐겨 신었다. 하지만 첫아이를 가진 후부터 하이힐과 부츠는 내 일상에서 사라졌다. 세월 탓이 아니라 아이의 안전이 먼저였기 때문이다. 행여 하이힐을 신고 삐끗하기라도 하면, 롱부츠를 벗다 넘어지기라도 하면 큰일이다. 엄마의 하이힐은 아이의 등장과 함께 종적을 감추고 신발장에 운동화와 단화가 즐비한 이유다. 그래도 가끔 하이힐을 신으면 괜히 그 시절의 나로 돌아간 것 같아 설렌다.

다행스럽게 그 시절 나는 하이힐과 함께 완벽히 사라지지는 않았나 보다. 풋풋했기에 아름다웠던 젊음은 어쩌다 꺼내 신는 하이힐처럼 한 번씩 나를 찾아온다. 나를 꾸미고 가꾸는 일이 세상 가장 중요한 일이었던 내가 이제는 아이를 챙기고 나보다 아이를 더 걱정한다. 실종된 내 꿈을 찾는 일보다 아이가 꾸는 꿈에 더 큰 가치를 부여한다. 엄마는 처음부터 엄마인 줄 아는 아이에게 엄마도 너와 같은 때가 있었다고 굳이 설명하기조차 무색한 내가 여기 있다. 엄마라서 행복하지만, 나로서도 행복해지고 싶은, 젊은 시절의 엄마를 상상할 수 없는 아이에게 구태여 '나 때는 말이야'를 들먹이고 싶지는 않다.

어느덧 중년의 아줌마가 되었다 나를 지칭하며 '아줌마' 소리가 아무렇지 않게 나온다. 그래서 서럽기도, 그래서 뻔뻔스러워지기도 하지만 아줌마다운 넉살 덕분에 삶을 조망하는 여유가 생기기도 했다. 중년은 삶의 무게를 일상으로 느끼는 시기다. 스스로는 물론 가족과 사회의 기대에 심신이 피로한 것도 사실이지만 꾸역꾸역 맡은바 책임을 다한다. 나라는 한 실체가 사회적 존재로 살아가기 위해 쓴 수많은 페르소나를 기꺼이 받아들인다. 어느 게 진짜 나인지 묻는 어리석은 질문은 하지 않는다. 그 모든 것이 '나'다. 엄마, 아내, 딸, 며느리, 직장인, 옆집 아줌마, 친구, 독자, 작가, 소비자, 학부모…. 무한정 나열할 수 있는 모든 페르소나가 나다. 어느 하나 나 아닌 게 없다. 과거의 나, 지금의 나, 앞으로의 나도 나다. 외형이 바뀌었다고 내가 아닌 게 아니며, 생각이 달라졌다고 내가 아닌 게 아니다.

세월의 흐름에 따라 자연스럽게 바뀐 외형이 썩 마음에 들지 않지만 그렇다고 구태여 무언가를 시도해 젊음을 흉내 내고 싶지도 않다. 그러나 내면의 성장만큼은 세월의 속도에만 맡겨두고 싶지 않다. 나이를 먹는다고 자연스레 성숙해지지 않는다. 성숙한 인간이 되기 위해서는 일정 부분 노력이란 게 필요하다. 그 노력이란 게 무언가를 배우고 익히는 것만이 아니라는 걸 알게 되었다. 원래의 나를 찾아내는 것, 있는 그대로의 나를 인정하고 받아들임으로써 내가 진정 원하는 모습으로 살아갈 수 있도록 돕는 것, 그것이 내가 가장 공들여서 해내야 하는 과업임을 깨달았다.

'자신이 누군지 알기 전에 꿈부터 꾸지 말라'는 누군가의 말처럼 내가 나를 아는 것, 그냥 아는 게 아니라 '제대로' 아는 것 그리고 설사 그게 썩 마음에 들지 않아도 그것이 '나'

임을 인정할 수 있는 것에서 우리 모두의 자기계발이 시작되어야 한다. 그때는 맞고 지금은 틀린 사실(Fact)들이 난무하는 시대다. 사실은 변하지 않는 것인데 사실을 해석하는 능력에 따라 사실이 사실 아닐 수도 있다니 참 아이로니컬하다. 그러니 내가 더욱 어떤 사람인지를 아는 게 중요하다. 같은 상황일지라도 누구는 희망을 발견하고 누구는 절망을 경험한다.

한번은 큰아이가 놀이터에서 친구 셋과 줄넘기를 하고 있었다. 돌아가며 줄넘기를 해서 누가 가장 많이 넘느냐로 우승자를 가리는 것이다. 그중 한 친구는 본인이 우승자가 되지 못하면 다시 기회를 달라고 애원하다시피 했다. 우리 아이는 번번이 그러라고 했다. 곁에서 그 광경을 보고 있던 나는 화가 났다. 엄연히 규칙이 있고 다른 친구들에게는 기회를 주지 않으면서 자기만 다시 뛰게 해달라는 친구 녀석이 괘씸하게 느껴졌다. 그런 친구에게 계속 그러라고 하는 내 아이는 더 답답했다. 집으로 돌아오는 길에 아이에게 너는 왜 그 친구 하자는 대로 하느냐고 그건 규칙에 어긋나는 일이지 않으냐고 꾸중하다시피 말했더니 아이가 한마디 했다. "엄마, 그게 죽고 사는 문제도 아니잖아."

나는 아무 말도 할 수 없었다. 그 친구에게 줄넘기는 승부를 가리는 게임이었고, 내 아이에게는 그저 친구들과 함께 하는 놀이였을 뿐이다. 그때 알았다. 내 아이는 놀이를 하는 데 '목숨'을 걸지 않는 아이라는 걸. 놀이를 경쟁으로 바라본 나와 놀이를 놀이로 대한 아이처럼, 같은 상황이지만 상황을 대하는 우리 태도에 따라 전혀 다른 해석이 나올 수 있다. 우리가 우리 자신을 제대로 파악하고 인정해주어야 하는 이유가 여기에 있다.

사실 아이든 자신이든 그의 진짜 모습을 찾는 일은 쉽지 않다. 그것을 그대로 수용하는 일은 더 어렵다. 열 가지 장점이 있어도 한 가지 단점이 크게 느껴지기도 하고 내가 가진 강점은 자신의 약점에 희석되거나 타인의 강점에 견주어 묻혀버리기 일쑤다. 중심을 잡고 내 안을 들여다보려는 노력은 그래서 쉽지 않다. 멈춤이 필요하고 인내가 필요하다. 반복이 필요하고 통찰이 필요하다. 어쩌면 평생에 걸쳐 시도해야 하는 '과제'일지도 모른다. 그렇지만 내가 어떤 사람인지 아는 건 자신이 어떤 삶을 살아야 하는지에 관한 첫걸음이 될 것이다.

제4장

집중:
채움보다 비움

01

자기계발보다
자기관리 먼저

　들뜬 마음에 자기계발을 시작하는 이가 있다. 절실함에 사무쳐 자기계발에 발을 들여놓은 이도 있다. 저마다의 이유와 필요로 시작한 자기계발이 올가미로 변해버린 이도 있다. 자기계발은 말 그대로 자신을 개선하고 발전시켜 나아짐을 추구하는 것이다. 따라서 올바른 진단을 통해 무엇이 문제인지 제대로 알아야 개선 방향 역시 정확히 도출할 수 있다. 그러고 보니 지겹도록 써댄 보고서의 형식과 사뭇 흡사하다. 현황 및 문제점, 개선 방향, 기대 효과 순으로 보고서를 작성하면 상사는 내 분석이 맞는지 개선 방향이 얼마나 효과적일지 조목조목 따진다. 상사를 설득하지 못하면 그 보고서는 곧 쓰레기가 된다. 한 장짜리 보고서 작성을 위해 수많은 자료를 조사하고 고민해야 한다. 보고서가 통과되면 그에 따른 예산과 인력이 수반된다. 하지만 잘못된 보고서는 예산과 인력을 낭비하는 안타까운 결과를 초래한다.

요즘은 건강에 관심 없는 사람이 없다. 다이어트는 물론 헬스케어, 안티에이징, 웰에이징까지 건강하게 젊음을 유지하려는 욕구가 담긴 유행어가 참 많다. 건강하고 탄탄한 몸매를 원하지 않는 이가 있을까. 인간의 수명이 길어질수록 안티에이징 니즈는 증가할 것이다. 하지만 니즈와 행동이 항상 일치하는 것은 아닌 것 같다. 몸에 좋다는 영양제를 한 움큼씩 먹으면서 술과 담배는 끊지 못하는 이가 있는가 하면, 다이어트를 한다면서 야식과 이별하지 못하는 경우도 허다하다. 운동한다고 헬스장에 등록해놓고 가까운 거리조차 차를 타고 이동하는 이 아이러니는 어떻게 이해해야 할까.

일상의 사소한 습관이 곧 그 사람이다. 대단한 무언가를 결심하기 전에 자신의 일상을 살펴볼 필요가 있다. 자기계발은 나와 나를 둘러싼 환경을 변화시켜 발전시킨다는 명확한 목적이 있다. 의도를 가지고 어떤 행동을 꾸준히 하기란 결코 쉬운 일이 아니다. 자기관리가 선행되지 않으면 자기혁신, 자기계발은 그저 요란한 자기위안에 지나지 않는다. 무언가 하고 있다는 착각에 빠져 진짜 자기가 뭘 하는 줄 안다.

　내가 더 괜찮은 사람으로, 내 삶이 더 나은 방향으로 바뀌기 위해 우리는 자신을 통제할 수 있어야 한다. 새벽에 일찍 일어나 어떤 일을 하고자 한다면 의지만 있어서는 안 된다. 새벽 기상에서 가장 중요한 것은 일찍 잠자리에 드는 것이다. 일찍 잠자리에 들기 위해 저녁 약속은 되도록 피해야 하며, 늦게까지 TV를 보거나 책을 읽어서는 안 된다. 아름다운 몸매를 원한다면 무조건 굶기만 해서는 안 된다. 그동안 즐겨 먹던 음식 중에 몸에 나쁜 음식이 있다면 줄여나가고 운동량이 적었다면 활동량부터 늘려야 한다. 여태 책과 담을 쌓고 지냈지만 이제는 읽어야겠다고 다짐했다면 어떻게라도 읽어야 한다. 가족과의 관계가 소원했다면 머쓱하더라도 먼저 한마디 건네야 한다. 자기가 하고 싶은 일만 하거나 먹고 싶은 것만 먹고는 내가 원하는 어떤 일도 이룰 수 없다. 하기 싫고 힘든 일도 기꺼이 감내해야 한다. 너무 당연하지 않은가. 그러나 이 당연한 과정을 도외시하는 이들이 너무 많다. 왜 그럴까? 왜 우리는 기본에 충실하지 않을까? 지루하기 때문이다. 알아주는 이가 없기 때문이다. 인간은 누구나 돋보이고 싶다. 다른 사람들이 나를 알아주길 바라고 내가 누군가에게 영향력을 끼치는 자리에 있길 바란다. 그런데 기본에 충실한 건 돋보이지 않는다. 겉으로 드러나는 것이 없으니 알아주는 이도 없다. 그리고 그 '기본'이란 건 누가 봐도 시시하다. 충격이 없다. 대단해 보이지 않는다. 그러니 그런 지루한 과정은 생략하고 뭔가 있어 보이는 뭔가 대단해 보이는 무언가에 매달린다. 오랜만에 얼굴을 본 지인이 몰라보게 날씬해졌다. 반쪽이 되어 나타난 지인의 이목구비가 이렇게 또렷했는지 새삼스러웠다. 그는 20킬로그램을 감량했다고 한다. 반년 동안 매일 아침 5킬로미터를 달렸단다. 비가 와도 달렸고 추위도 달렸단다. 전날 술을 마셨어도 달렸고 주말에도 달렸단다. 달라진 건 외모만이 아니었다. 그의 태도가 어딘지 모르게 당당하게 느껴졌다. 요즘은 책을 내는 일반인이 많다. 함께 공부하며 만난 지인 중에도 몇몇 이들이 책을 출간했다. 어떤 이는 두 번째 세 번째 책이 나왔다. 무척 부러웠다. 책 쓰기는 내 오랜 꿈이다. 책을 출간하겠다고 다짐하고 내가 글을 쓰다 말다 반복하는 동안 누군가는 매일 글을 써서 블로그에, 브런치에 올렸다. 그런 글들이 모여 '책'이라는 결과물로 탄생했다. 블로그에 매일 글을 올리는 그가 부러운 적은 없었데 책이라는 결과물이 나오자 부러웠다. 나 역시 아무도 알아주지 않는 지루한 과정에는 관심이 없었다. 머리로는 이해했지만 힘든 건 싫었던 모양이다.

 그들이라고 힘든 게 없었을까? 그들은 아무도 알아주지 않는 외로운 과정이 즐거웠을까? 꿈이 있었기에 목표가 있었기에 묵묵히 참아낸 것이다. 힘들어도 참아내는 것, 하기 싫어도 해내는 것, 알아봐주는 이 없어도 멈추지 않는 것, 그것이 '자기관리'다. 나 자신을 통제할 수 없다면 내 삶 역시 통제할 수 없다. 내가 삶이고 삶이 나인데 당연하지 않나. 다른 사람에게 통제되는 내 삶이 가엽고 불쌍해 스스로 주도권을 갖겠다고 다짐했다면 누구도 감히 넘볼 수 없을 만큼 완고해야 한다. 바라는 만큼 노력해야 한다. 그 이상을 바라는 건 요행이다. 요행은 내가 선택할 수 있는 몫이 아니다. 초상화 화가 노마 밀러(Norma Miller)는 초상화를 그릴 때 윤곽이 아니라 안에서 밖으로 그려야 한다고 했다. 안만 제대로 그리면 밖은 저절로 완성되기 때문이다. 내실을 단단히 다지면 드러내려고 애쓰지 않아도 그 기품은 자연히 드러나게 될 것이다.

02

마이너스 사고법

한동안 미니멀리즘(Minimalism)에 꽂혀 지냈다. 사사키 후미오의 〈나는 단순하게 살기로 했다〉나 도미니크 로로의 〈심플하게 산다〉 같은 책이 선풍적인 인기를 끈 걸 보니 나를 포함한 많은 이들이 '비움'에 새로운 가치를 부여한 듯하다. 나는 이사를 자주 다녔다. 이사를 해본 이들은 알겠지만 짐을 싸고 풀며 버리게 되는 물건이 의외로 많다. 그동안 꼭꼭 숨겨져 있던 짐들이 모습을 드러내면 다음과 같은 반응이 나온다. '이런 게 우리 집에 있었나?' '똑같은 게 몇 개나 되네?' 사실 두 가지 반응은 같은 것이다. 물건의 존재를 제대로 파악하지 못해 생긴 일이다. 결국 사지 않으면 될 일이었다.

공간에 대한 해석이 설계자 중심에서 사용자 중심으로 바뀌면서 기존의 정형화된 관념이 점점 무너지고 있다. 공간을 물건으로 채워야 한다는 인식이 사라지고 공간에서 물건을 비워냄으로써 공간 본래의 기능에 더 충실할 수 있다는 인식이 확대되는 추세다. 평당 수천만 원을 호가하는 대지의 가치를 고려할 때 물건에 자리를 양보하는 건 경제적 효용가치를 심각하게 훼손하는 처사이기도 하다. 평수를 늘리기보다 짐을 줄이는 게 경제적으로 나은 선택인 셈이다.

우리는 무엇을 하겠다는 결심에 매우 익숙하다. 저마다 새해가 되면 '계획'을 세운다. 회사도 '신년 계획'을 세우고 정부 기관도 '업무보고'를 작성한다. 안타깝게도 언제나 반성은 짧고 계획은 길다. 야심차게 준비했던 그해 계획은 얼마 못 가 수명을 다한 채 장렬히 전사한다. 반복되는 계획 속에 우리는 늘 분주하다. 해야 할 일도 많고, 하고 싶은 일도 많다. 그리고 가끔은 다이어리에 적혀 있는 투 두 리스트(To Do List)가 삶의 밀도를 대변하는 듯한 착각에 사로잡히기도 한다.

언젠가 TV에서 척추 분야 명의(名醫) 인터뷰를 본 적이 있다. 나노 허리가 종종 아픈 탓에 그가 어떤 비법을 알려줄지 귀를 쫑긋 세우고 들었다.

"환자들은 일단 어디가 아프면 무슨 약을 먹어야 하는지, 어떤 시술을 받아야 하는지, 어떤 운동을 해야 하는지 묻습니다. 하지만 나는 환자의 평소 생활습관과 식습관에서 하지 말아야 할 게 무엇인지 찾습니다. 사람들은 질병이 생기면 그것을 해결하기 위해 어떤 행동을 취할지부터 생각하지만, 사실 잘못된 자세를 교정하거나 먹지 말아야 할 음식을 자제하는 것만으로 병이 해결되는 경우가 많습니다."

정곡을 찔린 기분이었다. 우리는 대개 문제의 근원을 찾는 일에 집중하기보다 문제를 없애려 안간힘을 쓴다. 하지만 근본적인 원인을 찾아내지 못하면 언젠가 또다시 비슷한 문제를 마주하게 된다. 나 역시 불안감을 느낄 때마다 불안의 원인을 깊이 고민하지 않았다. 불안은 나의 모자람에서 비롯된 감정이라 여겼다. 불안할수록 더 책을 읽었고 강의를 들었고 무언가를 더 해야 한다고 생각했다. 그렇지만 책을 읽을수록 강의를 들을수록 나는 더 불안해졌다. 지식과 정보를 채울수록 나는 한없이 부족한 사람이 되어갔다.

지난해 이사를 하면서 다짐했다. 언젠가 쓸 것 같은 물건을 만들지 않기로 말이다. 언젠가 쓸모가 있을 것 같아 모아둔 잼(Jam) 병, 포장해 온 플라스틱 용기가 수십 개 쌓인 것을 보고 언젠가 쓸모가 있을 것 같은 물건은 '언제나' 쓸 일이 없다는 것을 알게 되었다. 지금 필요한 물건이 아닌 이상 비워냈다. 중고시장에 내다 팔고 필요한 지인에게 주었다. 물건들로 꽉 차 긴장돼 보이던 집 안 곳곳이 헐렁해졌다. 공간이 넓어졌고 청소가 수월해졌다. 덕분에 시간이 생겼다.

인간의 욕구는 끝이 없다. 뭘 그렇게 하고 싶고, 갖고 싶고, 먹고 싶은지. 만족이라는 단어를 알기는 하는 건지. 끝도 없이 올라오는 욕구에 갖가지 명분을 부여하며 당위성을 부여한다. 이 정도 평수에 살아야 하고, 이 정도 차는 몰아야 하고, 이 정도 취미는 가져야 하고, 남들이 정해놓은 나이와 직급에 맞는 사회적 체면을 유지하기 위해 지금도 우리는 뺄 생각은커녕 더 채울 생각만 한다.

혹시 어떤 목표를 위해 무엇을 하지 말아야 할지 진지하게 생각해본 적이 있는가. 덜어내기 위해 지속해서 노력해본 경험이 있다면 어떤 일을 하는 것보다 하지 않으려 노력하는 게 훨씬 어렵다는 사실을 알게 된다. 다이어트를 위해 운동하는 것보다 평소 즐겨 먹는 빵이나 군것질을 끊는 게 더 힘들고, 시험 기간에 공부를 하는 것보다 게임을 참는 게 더 어렵다. 인생을 살아보면 힘을 주는 일보다 힘을 빼는 게 몇 배는 더 어렵다는 사실을 깨닫는다.

힘을 주는 건 본능에 가까운 행위다. 의도가 개입되면 우리 몸은 긴장한다. 힘을 빼는 건 본능을 거스르는 일이다. 익숙하지 않은 일이니, 어색하고 어렵다. 최근에 나는 다독(多讀)을 멈추고 천천히 적게 읽고자 노력 중이다. 내가 책을 읽는 목적은 사유(思惟)의 지평을 넓혀 인생을 더 즐겁고 가치 있게 살기 위함이다. 그런데 사유의 지평은 책을 많이 읽는다고 넓어지지 않는다. 단순히 글자 읽는 걸 넘어 활자 속에 숨겨진 저자의 의도를 파악하고 나의 언어로 재해석해낼 수 있어야 한다. 다독이 식견을 넓히는 데 일부 도움이 될 수는 있겠지만 독서의 진짜 목적에 이르기 위해서는 읽는 시간보다 생각하는 시간이 많아야 한다. 진정한 독서를 위해 되도록 책을 적게 읽으려 노력하는 이유다.

원하는 게 있거나 해결해야 할 문제가 있다면 본능적으로 무엇을 할지 정하기에 앞서 무엇을 하지 않을지 생각해보자. 나무가 크고 곧게 뻗어나갈 수 있게 하려면 가지치기가 필요하다. 당신의 성장을 위해 본능을 거스르는 용단을 보여주길 기대한다.

03

생긴 대로 살아도 된다

"나 꿈이 생겼어." 밥을 먹다 뜬금없이 남편이 말한다. "난 말이야, 다른 사람이 내 이름 석 자를 들으면 이거! 하고 떠오르는 사람이 되고 싶어." 왜 갑자기 이런 말을 하는지 묻지 않았다. 갑자기 생겨난 꿈인지, 오랫동안 생각하다 식사 중 불쑥 꺼낸 말인지 중요하지 않았다. '마흔돌이' 아저씨에게 꿈이 생겼다는 게 그저 기특했다.

꿈을 꿔본 게 언제더라. 내 꿈이 뭐였는지, 처음부터 있기나 했는지 가물가물하다. 지금 누군가 너는 꿈이 뭐냐고 물으면 내 꿈이 아닌 아이의 꿈을 읊어댈 것 같다. 남편의 갑작스러운 꿈 타령에 학창시절 꿈부터 과거 우리가 좋아하던 가수와 유행까지 줄줄이 소환되었다. 그렇다고 손뼉을 치며 '그 시절 우리'로 잠시 되돌아갔다.

내 학창시절에는 머리 모양, 옷차림 심지어 양말 브랜드까지 유행이 있었다. 얼굴만 다르지 멀리서 보면 하나의 물결로 보일 듯한 형상이었다. 그런데도 우리는 각자의 스타일이 있다고 믿었다. 똑같아 보이지만 나름의 개성을 추구했다. 그리고 그 시절 우리에게는 저마다 다른 꿈이 있었다.

오랜만에 친구들을 만났다. 평소 '그냥'은 만날 수 없는 사이가 되었지만 오랜만에 만나도 언제고 그때 우리로 돌아간다. 안주로 배를 채우고 술로 열기를 채운다. 시답지 않은 얘기들이 한참을 오간다. 한 잔, 두 잔 체내에 쌓이는 알코올만큼 목소리가 커진다.

"야, 난 이 나이가 되면 좀 편할 줄 알았거든.
취업도 했겠다 결혼도 했겠다 재미있게 살 줄 알았는데
왜 나이를 먹어도 똑같이 20대처럼 고민이 많냐?"

친구 하나가 툭 내뱉은 한마디에 저마다 애로사항이 터져 나온다. 부동산, 주식, 애들 교육 문제, 직장 내 고충까지 누가 더 힘든지 내기라도 하듯 말이다. '다 똑같구나.' 나만 힘든 건 아니려니 하긴 했지만 다들 비슷한 고민과 걱정에 불쌍한 40대를 보내고 있었다.

그런데 우리 나이에 자산은 얼마여야 하고, 아파트는 몇 평에 살아야 하고, 애들 교육은 어떤 걸 시켜야 하고…. 그게 아니면 나는 너무 '개성'이 강한 사람이 되는 건가? 각자가 좋아하는 것도 다르고, 잘할 수 있는 것도 다른데 말이다. 우리는 그저 동시대 문화를 공유했고 그것을 추억할 뿐 엄연히 개성 있는 존재들이다. 그런데도 왜 꿈꾸는 미래는 같은 모습일까. 서로서로 비교하며 자신을 초라하게 하고 배우자를 초라하게 하고 자식을 초라하게 하고…. 왜 그러는 걸까? 한참을 웃고 떠들며 그 시절 그때로 돌아간 듯 재밌는 시간을 보냈지만, 집으로 돌아오는 길이 마냥 즐겁지는 않았다.

"어디서 이렇게 예쁜 네가 온 거야?"라고 묻는 내게 "나는 운석을 타고 우주에서 왔어. 많은 별 중에 지구별에 온 거야. 그리고 엄마랑 아빠랑 형아가 있어서 우리 집을 선택했어"라며 대답하는 아이에게 나는 힘주어 말했다. "맞아. 너는 우주에 하나밖에 없는 소중한 존재야. 지구별에서 행복해지자." 천체 박물관을 다녀온 후 아이는 자신이 운석을 타고 우주에서 온 존재라고 강조하기 시작했다. 내게도 아이는 우주에서 온 유의미하고 특별한 존재가 틀림없다.

 우리 삶은 각자의 존재만으로 빛날 수 있어야 한다. 내가 누구처럼 되어서 빛나는 게 아니라 나는 나처럼 살아서 빛나야 한다. 외모만큼 성격도 재능도 약점도 다른데 내가 네가 되고 네가 내가 될 필요 없다. 다른 이들의 삶을 흉내 내려 노력할 필요 없다. 그가 원하는 삶의 모습과 내가 원하는 삶의 모습이 다른 듯 같을 수 있고 같은 듯 다를 수는 있지만, 그건 각자의 삶을 만들어가며 빚어지는 자연스러운 오버랩일 뿐이다.

 지인 중에 프랭크 시나트라(Frank Sinatra)의 '마이 웨이(My Way)'를 좋아하는 이가 있다. 평소 말수가 많은 이도 아니고 누군가 앞에 자신을 드러내는 성격도 아닌데 노래방에만 가면 꼭 이 노래를 불렀다. 술 한 잔에 기댄 용기일까 싶었지만, 눈을 감은 채 벽에 기대 가사를 읊조리듯 부르는 그의 모습은 낯설지만 편안해 보였다. 후렴마다 반복되는 "아이 디드 잇 마이 웨이(I Did It My Way)"는 마치 자신에게 하는 말인 듯 절절하게 들렸다.

 그렇다. 누구나 자신의 길을 가야 한다. 식사 도중에 갑자기 자신의 정체성(Identity)을 찾아야겠다고 선언한 중년의 한 남자와 술기운을 빌려서라도 자신의 소신대로 인생을 살겠다고 다짐하는 중년의 또 다른 남자가 애잔하지만 멋있어 보이는 이유다. 사회적 잣대로 나를 평가한다면 초라해도 이렇게 초라할 수 있나 여겨져도 그것 또한 내 인생이다. 노래의 마지막 가사 "잇 워즈 마이 웨이(It Was My Way)" 앞에 눈물이 멈추지 않는 이유를 알 것 같다.

04

결핍이 고마운 이유

"어릴 때 고생 좀 했겠는데." 내 얼굴을 가만히 보던 지인이 말한다. "마음고생을 했을까요?"라고 되물었다. 우리 집 형편이 넉넉했던 건 아니지만 '고생'이라 여길 만큼 큰 어려움은 떠오르지 않았다. 지인이 관상 전문가는 아니지만 그래도 어쩐지 그 말이 신경 쓰였다. 돌아오는 차 안에서 생각했다. 중년의 내 얼굴에 여전히 유년시절의 어떤 그림자가 남아 있는 걸까. 사실 내 어린 시절은 밝음보다 어둠이고 기쁨보다 슬픔이었다. 그런 나는 왜 고생이라 생각할 만큼의 기억을 떠올리지 못했을까. 잊고 싶어서 차라리 지워버린 걸까.

외출했다 집으로 돌아갈 때 나는 절대 빈손으로 들어가지 않는다. 번거롭더라도 아이들이 좋아할 만한 간식을 사간다. 어릴 적 엄마는 함께 외출할 때도 혼자 돌아올 때도 간식을 일절 사주지 않았다. 길에서 먹는 건 비위생적이라 했다. 갈증이 날 때면 흰 우유를 사주셨다. 나는 초코 우유가 마시고 싶었고 동생은 딸기 우유가 마시고 싶다는데 엄마는 건강에 좋지 않다며 언제나 흰 우유만 사주셨다. 거리를 지나다 초코 우유나 딸기 우유를 마시는 아이들을 보면 무척 부러웠다. 하지만 가장 부러웠던 건 목욕탕에서 바나나 우유를 마시는 아이들이었다. 한참 후에 알았다. 우유 중에 흰 우유가 가장 싸고 바나나 우유가 가장 비싸다는 사실을. 밖에서 허락된 먹거리가 우유인 건 건강 때문이긴 했다.

지금이야 툭하면 외식에 툭하면 배달 음식이지만, 어릴 적 우리에게 외식은 특별한 이벤트였다. 스스로 돈을 벌기 전까지 경제적으로 자유롭지 못했다. 어떤 결정이든 늘 '돈'이 문제였다. 그 시절 다 비슷하게 어려웠지만 늘 돈에 쪼들리는 형편이 원망스럽기도 했다.

하지만 부끄럽지 않았다. 불편하기는 했어도 누구에게 돈을 빌린 적도 없고, 성실한 아빠와 알뜰한 엄마가 있어 안심됐다. 넉넉하지 않았기에 참을 줄 알게 되었고 부족했기 때문에 신중할 수 있었다. 많이 가지지 못한 덕분에 소유의 가치와 기다림의 미학도 배울 수 있었다.

결핍은 갈증을 유발한다. 갈증은 목표를 도발한다. 결핍의 사전적 정의를 찾아보니 '마땅히 있어야 할 것이 없어지거나 모자람'이라 한다. 돈이 마땅히 있어야 할 것인지는 모르겠으나 어린 시절 가난은 돈에 맺힌 갈증을 증폭시켰다. 돈이 없으면 부끄럽지는 않아도 불편할 수 있다는 사실을 알게 되었고, 그래서 돈이 가지고 싶었고 돈을 많이 버는 방법을 배우고 싶었다. 자본주의 사회에서 돈의 의미는 현물 이상의 가치를 가지고 있으니 말이다.

어릴 적 고생했겠다는 지인의 말에 당장 떠오르는 고생이 없었던 건 기억하고 싶지 않아서가 아니었다. 나는 돈이 없다는 것에 주눅 들지 않았다. 그 시절 나 역시 우리 집이 부자였으면 좋겠다고 생각했다. 넉넉한 친구를 부러워하기도 했다. 하지만 돈이 없는 게 내 부모의 탓도 누구의 탓이라고도 생각지 않았다. 그리고 계속 돈이 없을 것 같지도 않았다.

결핍의 사전적 정의로 따지자면 내게는 돈 말고도 시간에 대한 결핍이 존재한다. 어쩌면 돈과 시간, 이 둘 사이에는 필연적인 상관관계가 존재한다. 돈이 없다는 건 여유가 없다는 말이기도 하다. 여유란 물질적으로 또 심리적으로 편안하고 안정된 상태를 의미한다. 여유가 없다는 건 그 반대 상태에 노출되어 있음을 가리킨다. 불안정한 상태, 그것이 무엇을 의미하는지 당신은 알고 있을까. 끊임없이 확인하고 또 확인해야 한다. 신중함을 가장한 의심이 절정을 이룬다. 실패하면 어쩌지?

시간의 결핍은 자신을 혹독하게 단련시킨다. 시간이 없다는 건 실패했을 때 재기할 기회가 부족하다는 말이다. 그러니 완벽해야 한다. 여유를 부리며 적당히 할 수 없다. 조급하게 굴긴 해도 대충은 없다. 그런 자신이 안쓰럽기도 하고 그런 자신에게 질리기도 하지만 결국 의지할 수 있는 건 나뿐이다.

나는 걷는 속도가 무척 빠르다. 키는 작지만 보폭은 넓다. 왼발과 오른발이 교차하는 속도가 거의 경보 수준이다. 밖에 나가면 엄마 손을 꼭 잡고 다니는 둘째가 잡고 있던 내 손을 잡아당긴다. "엄마 조금만 천천히 걸어줄 수 있을까?" 숨을 헐떡이며 아이가 말한다. "그럼. 미안, 엄마가 너무 빨리 걸었지?" 아이의 걸음 속도에 맞추기 위해 의식적으로 천천히 걸었다. 하지만 곧 걸음 속도가 빨라진다. "엄마 참 바쁘게 살았구나." 아이가 시선을 앞에 둔 채 말을 건넨다.

눈물이 핑 돈다. 이제 겨우 아홉 살 아이의 말에 나는 깊은 위로를 받았다.

돈과 시간만큼 많이 가지면 가질수록 좋은 것이 있을까? 돈이 있으면 시간이 없고 시간이 있으면 돈이 없다는 말처럼 이 둘을 모두 갖기란 어려운 일이긴 하다. 둘 중 하나만 없어도 아쉬운데 둘 다 가지지 못한 나는 불행한 사람일까?

결핍이 초래한 갈증은 간절함이다. 그런 면에서 오히려 나는 가능성을 품은 사람이 되었다. 간절함을 간직한 이는 매사에 정성을 다한다. 간절함이 없이는 변화할 수 없다. 변화 없이는 성장도 없다. 결핍이 없다면 인간은 발전할 수 없다. 결핍이 많다는 건 그만큼 채워야 할 게 많다는 뜻이다. 채워야 할 걸 채우지 않고는 다음 단계로 도약할 수 없다. 그러나 무엇을 채우고 무엇을 비울지 나는 '나에게' 집중할 것이다.

05

쓸모없는 경험은 없었다

나는 명제를 검증하는 일을 즐긴다. 권위 있는 사람의 주장이나 대다수 사람이 '참'이라고 믿는 일반적인 사실들에서 '실험쥐'를 자처한다. 의심이 많아서가 아니다. 논리적으로 이해되거나 설득되지 않으면 쉽게 수긍할 수 없는 성격 탓이다. 그래서일까? 궁금한 건 해봐야 직성이 풀린다. 저 사람이 그렇다는데 과연 그럴까? 이렇게 하면 잘한다는데 어디 한번 해볼까? 그 호기심 덕분에 고생도 꽤 했다.

어떤 일을 시작할 때 이미 경험해본 사람의 충고를 흘려버리고 굳이 해보는 사람이 있다. 아무리 먼저 해본 사람이 만류해도 꼭 저지르고 후회하는 사람, 직접 몸으로 경험하고서야 '아, 그렇구나' 깨닫는 어리석은 사람, 그게 나다. 혹자는 고생을 사서 하는 타입이라고 비야냥거리지만, 우리 엄마는 '젊어서' 그렇다고 한다. 젊음의 패기인지 아집인지 사실 모르겠다. 쉽게 바뀔 성격도 아니고 이게 나인가 보다 여긴다. 어학을 전공한 내가 경찰이 되었다. 제복을 입을 거라고 한 번도 생각해본 적이 없었다. 벌써 십수 년이 지났음에도 지금의 삶이 여전히 낯설 때가 있다. 나는 중국어 교사가 되고 싶었다. 대학을 졸업하고 교직 이수를 위해 대학원에 다니며 기업체 출강과 과외를 했다. 중국어가 좋았고 가르치는 일에 보람을 느꼈다.

해양경찰로 임용되어 첫 해상 근무 때, 나는 이 길이 내 길이 맞는지 수없이 의심했다. 휴대폰조차 터지지 않는 먼 바다에서 사활을 걸고 불법 중국어선 단속 임무를 수행했다. 한 번도 배워본 적 없는 선박, 조업 용어는 물론 낯선 법률 용어까지 번역기를 돌릴 수도, 사전을 찾을 시간도 없었다. 찰나의 순간이 생(生)과 사(死)를 갈라놓는 긴장 상태가 일상이 되어갈 때, 내가 있어야 할 곳이 이곳이 맞는지 진심으로 혼란스러웠다. 10여 년의 시간이 지나 나는 사내 중국어 교수요원이 되었다. 함정 근무 경험과 강의 경험이 요긴하게 쓰였다.

오래전 지방 혁신도시에 들른 적이 있다. 지방이라 그런지 수도권과 비교해 신축 아파트임에도 가격이 매우 저렴

했다. 열 개가 넘는 공공기관과 자회사들이 이주했고 이주할 계획이라고 했다. 부동산 공부를 제대로 한 적은 없지만, 그동안 아파트를 사고판 경험이 있었기에 같이 간 지인의 설명과 나의 '감'만 믿고 딱 한 번 간 그곳 아파트를 매수했다. 아파트 입지도 좋았고 뷰(View)는 더 좋았다. 전세 두 바퀴 정도 돌리면 적지 않은 시세차익을 볼 거라고 기대했다. 결과부터 말하면 그 아파트는 수천만 원 손해를 보고 겨우 매도했다.

겁도 없이 해외주식에 투자했다 결혼 준비 자금을 몽땅 날려버리기도, 정부 부동산 정책이 어떻게 움직이는지 영민하게 살피지 못해 수천만 원의 계약금을 날린 일도 있다. 투자 승률로 따지자면 썩 좋은 성적은 아니다. 지나고 나서야 사지 말았어야 할 것과 팔지 말았어야 할 것이 보이니 공부가 부족해도 한참 부족하다. 다행히 비싼 수업료를 쓴 덕에 똑같은 잘못은 피해 가니 조금씩 나아지고 있다 믿어본다.

우리 집에는 나 말고도 실험쥐가 또 있다. 바로 큰아이다. 대개 첫애는 본의 아니게 실험 대상이라고 하는데 맞는 말이다. 큰애를 키우며 경험한 온갖 시행착오는 작은 아이를 키우는 초석이 되었다. 오래된 부부가 부부 싸움을 하지 않는 건 사랑이 식어서가 아니라 갈등을 피하는 나름의 노하우가 축적된 시간의 선물이라는 것을 살아보니 알겠다.

헤어질 줄 알았다면 그렇게 사랑하지 말걸. 이 일을 하게 될 줄 알았다면 굳이 대학에 가지 말걸. 기억하지도 못할 거 밤새 읽지 말걸. 사지도 못할 거 가보지 말걸. 인연의 끝을, 일의 결과를 미리 알 수 있다면 우리는 행복할까? 끝을 안다면 우리는 살아가지 못할 것이다. 끝을 알 수 없기에 모두 줄 것처럼 사랑하고, 미친 듯이 공부하고, 짊어지고 갈 것처럼 궁상을 떤다.

경험은 우리를 지혜롭게 한다. 굳이 하지 않아도 될 경험조차 내 삶에 켜켜이 스며들어 지혜의 퇴적을 쌓는다. 아무 일도 하지 않으면 아무 일도 일어나지 않는다. 민망한 '삽질'이기는 하나 잘 살아보겠다는 절절한 마음에서 시작한 일들이다. 그러니 어떤 시도든 어떤 도전이든 쓸모없는 짓이었다고 자책하지 말자. 창피한 일이라고 지워버리지 말자. '고가의 인생 수업료'를 낸 대가는 반드시 나타날 것이다. 혹시 아는가. 그 삽질 덕분에 우리의 인생이 예기치 않은 길로 들어설지.

06

날 위해 해줄 수 있는 것

"당신은 요즘 어떻게 지내나요?"

요즘 어떻게 지내냐는 친구의 물음에 대답 대신 중형 세단이 TV 화면을 가득 채운다. 한참 전 광고지만 여전히 기억되는 인상 깊은 광고 중 하나다. 다른 어떤 설명보다 직관적이었다. 더 물을 필요 없었다. 친구가 퍽 잘 지내고 있음을 한눈에 알 수 있었다.

밥은 먹었는지, 아픈 데는 없는지, 별일은 없는지, 타인에게는 수없이 건네는 안부 인사를 나에게는 물어본 적 있을까. 정말 궁금해서가 아니라 그냥 '안녕?' 같은 인사인 걸 알면서도 누군가 건네는 안부에 뭉클할 때가 있다. 상대의 한마디에 길을 가다 갑자기 두고 온 물건이 생각나듯 '맞다! 나 아직 밥을 못 먹었지?', '그래, 오늘은 꼭 병원에 가봐야겠다' 하는 것처럼 말이다.

언제부터였을까? 세상의 중심이 내가 아닌 그가 되었다. 나를 위해 존재하던 세상이 사라지고 내가 맞춰야 하는 세상만 남았다. 자연스러운 과정이고 당연한 이치라 했다. 이성적인 인간은 자기의 감정을 절제하고 타인의 입장을 헤아릴 수 있어야 한다 했다. 현명한 사람은 지금의 고통을 참을 줄 알아야 한다고 했다. 그것이 성숙한 어른이라 했다.

나보다 남을 배려하고 나를 희생해 타인을 돕는 사람을 우리는 존경한다. 타인의 입장보다 자기 입장이 먼저인 사람, 다른 이의 아픔보다 자신의 손해가 견딜 수 없는 사람을 우리는 혐오한다. 하지만 여전히 나는 모르겠다. 인간이 그렇게 선한 존재인지. 어쨌든 우리는 이타적인 사람을 우러러보고 이기적인 사람을 경멸한다.

내가 할 수 없는 일을 하는 사람을 존경하고 우러러보는 건 지극히 자연스러운 현상이다. 내가 할 수 없음에도 그의 공로를 인정하지 않는 건 옹졸하다. 부끄러운 일이다. 이타적인 삶은 아무나 살 수 있는 삶은 아니다. 누구나 선망하지만 실천하기는 어렵다. 그렇다고 이기적으로 사는 게 인생을 잘못 사는 걸까?

인기리에 종영한 드라마 〈슬기로운 의사생활〉을 나는 몇 번이나 정주행했다. 극 중 의대 동기인 익준(조정석)과 송화(전미도)가 아픈 익준의 아들을 간호하고 새벽에 함께 아침을 먹는 장면에서 송화는 자신이 얼마 전 산 화목난로 사진을 익준에게 보여준다. "이게 내가 나를 위해 해주는 거야. 이거 사면서 나 엄청 행복했다." 송화는 정말 행복한 미소를 지었다. 그리고 익준에게 묻는다. "너는? 너는 요즘 널 위해 뭘 해주는데?"

송화의 질문이 나에게 향한다. '나는? 나는 요즘 날 위해 뭘 해주지?' 매일 똑같이 반복되는 일상이 만일 테이프라면 늘어져도 벌써 늘어나 제 기능을 잃었을 것처럼 무한 반복 중인 하루하루에서 나는 과연 날 위해 무엇을 해주고 있을까? 하루를 되짚어보고, 이틀을 되짚어본다. 특별히 뭘 해준 게 없다. 실망하려는 순간 익준의 대답이 걸작이다. "이렇게 너랑 밥 먹는 거? 너랑 같이 밥 먹고, 커피 마시는 거. 난 나한테 그거 해줘."

아! 뭐 대단한 이벤트가 아니었다. 그저 자신이 누구와 있을 때, 무엇을 할 때 행복을 느끼는지 아는 것 그리고 그걸 미루지 말고 실천하는 것. 그것이 익준이 '자신에게 해주는 일'이었다. 그렇다. 그거면 된다. 지루해 보이는 반복되는 일상에서 나를 위해 내가 해줄 수 있는 것 말이다.

늦지 않게 이것저것 챙겨 남편과 아이들을 보낸 후 정신 없는 식탁을 정리하고 앉아 커피 한 잔 마시는 것, 창문을 다 열고 청소기를 돌리다가 문득 계절이 가져온 변화를 감지할 때 느낄 수 있는 잠깐이지만 강렬한 생동감. 짧은 시간이지만 내가 행복하다 느끼는 순간들이다. 이 순간 나는 오로지 나만 생각한다. 아내나 엄마, 어디의 누가 아닌 본연의 나로서 존재한다. 나만 생각하고 나로서 행복하다. 아무것도 아닌 것처럼 보이는 이런 순간들이 나를 발견하게 하고 살아가게 한다.

그동안 우리는 누구 자식, 누구 배우자, 누구 부모로 살아오면서 꽤 많은 시간 이기적이지 못했다. 이 세상 홀로 살 수 없으니 적당한 희생과 양보와 배려는 인간으로서 마땅히 갖추어야 하는 지성이라 여겼다. 어쩌면 우리도 모르게 세뇌당했을 수도 있다. 그래서 자신의 어깨에 짊어진 삶의 무게가 무거워도 무겁다 말하지 못했다. 힘들어도 힘들다 말 못 했고 아파도 아프다 말 못 했다. 내 삶의 중심이 내가 아닌 세상의 기준이 되어도 말 한마디 꺼내지 못했다. 모두

다 그렇게 사니까 그렇게 사는 게 이상하지 않았다. 하지만 당연하게 생각한 사실이 진실이 아닐 수도 있다. 이제는 좀 이기적으로 살아도 되지 않을까?

여전히 나는 누구의 자식, 누구의 배우자, 누구의 부모다. 앞으로도 관계 속에 살아갈 것이다. 나는 이들을 진심으로 사랑한다. 관계를 벗어나거나 세상과 맞서 싸우지도 않을 것이다. 그렇지만 나 자신도 이기적으로 사랑할 것이다. 내가 나를 위해 해줄 수 있는 일들을 늘려가며 세상의 중심에서 나의 중심으로 천천히 옮겨올 것이다. 어떻게 지내느냐고 묻는 친구에게 환한 얼굴로 대답할 것이다.

"나답게 지내."

07

저세상 열정이 아니라면

내가 체력적으로 약하다는 건 익히 알고 있었다. 두통과 위장염은 언제나 나와 동행하는 익숙한 성가심이다. 체력의 한계를 의지로 극복할 수 있다는 무모함 덕분에 늘 호되게 뒷감당을 하지만, 이제는 의지가 체력을 이길 수 없다는 사실을 안다. 그런데도 아는 것을 온전히 수용하는 건 다른 문제인가 보다. 여전히 나는 내 체력의 한계를 과대평가하곤 한다.

내 에너지가 크지 않다는 걸 자기계발을 하며 재확인했다. 내가 만난 사람들은 에너지가 넘쳐났다. 추진력이 강하고 응원도 잘해준다. 아마도 각자의 분야에서 무척 열정적으로 지내는 사람들일 것이다. 나도 꽤 뜨거운 사람인데 나로서는 도저히 범접할 수 없는 '저세상 열정의 사람들'을 종종 만난다. 나는 그들에게 에너지를 받기도 하지만, 괜히 주눅 들고 의기소침해지기도 한다.

열정이 넘치는 사람들이 다 같이 모였으니 정도의 차이가 생길 수밖에 없다. 열정의 많고 적음이 좋고 나쁨을 의미하지 않는다는 걸 알면서도 나는 불안했다. 또다시 주도적인 삶의 방향과 속도를 잃을까 걱정했다. 열정 많은 이들과 있자니 나는 늦은 것 같고 부족한 것 같고 뭔가 잘못하고 있는 것같이 느껴진다. 에너지의 크기가 간절함의 차이인 것 같아 자신을 나무라기도 했다.

며칠 전 어부의 일상을 찍은 다큐멘터리를 보았다. 바다는 뭍사람들에게는 낭만이지만 어민들에게는 고단한 일상이다. 며칠씩 바다에 나가 그물을 던지고 올리는 일을 반복하는 어부에게 왜 그렇게 즐겁게 일하느냐고 물었다. 그물에서 고기를 분리하며 어부가 말한다. "열심히 해도 남들 눈엔 못하다는데…." 말끝을 흐린 어부에게 기자가 재차 이유를 묻자 "그저 내 몸이 허락하는 한 열심히 하는 거야. 열심히 하는 게 세월이 지나고 보면 더 좋아. 어영부영하는 게 더 힘들어. 남 눈치 보느라, 이리저리 끌려다니느라. 근데 열심히는 어쨌든 내가 할 수 있는 한도에서 최선을 다하는 거니까 즐겁지."

'열심히 해도 남들 눈엔 못하다는데'라는 첫마디에 세상의 잣대에 휘둘려 할퀴어지고 찢긴 그의 상처가 느껴져 마음이 아팠다. 그렇지만 어부는 자신의 중심을 지켜냈다. 세상 사람들 눈치 안 보고 스스로 떳떳하게 일하는데 즐겁지 않을 이유가 있겠느냐는 말이 인생에서 무엇이 중요한지 알려주는 일침을 들은 것 같아 마음이 묵직해졌다.

바다에는 길이 없다. 항해는 늘 존재하지 않는 길을 만드는 여정이다. 똑같아 보이는 풍경 속에 어디로 갈지 어디에 그물을 내릴지 어부 스스로 결정한다. 어획량이 적다고 날씨가 좋지 않다고 탓하지 않는다. 걷어 올린 그물의 무게는 오늘 가볍더라도 내일 무거울 수 있다. 오늘 만선(滿船)이 아니라고 실망하지 않는다. 바다는 늘 그곳에 있고 어부는 언제든 그물을 내릴 수 있다. 모두가 잘 닦인 고속도로를 질주하지만, 그는 묵묵히 자기가 만든 길을 항해한다. 영상을 보는 내내 그가 존경스러웠다. 그는 사람들의 속도로부터 자유로웠다. 남이야 어떻게 생각하든 그가 할 수 있는 최선을 다하는 삶의 태도가 당당하면서 아름답게 느껴졌다.

다른 사람과 나를 비교하며 열정에 서열을 매길 필요 없다. 누가 더 잘나고 못나서가 아니라 가지고 있는 에너지가 다를 뿐이다. 에너지의 양이 더 필요하다면 체력을 키우든 불필요하게 쓰는 에너지를 줄이든 하면 될 일이다. 저 사람은 저런데 나는 왜 이럴까? 주눅 들 필요 없다. 자기가 어떤 성향인지 어떤 상태인지 무엇을 중요하게 생각하는 사람인지 파악하는 게 먼저다. 자기 자신을 아는 이는 섣불리 타인과 자신을 비교하지 않는다. 비교는 자신을 제대로 알지 못하는 데서 비롯된다.

열정이 강한 사람이 앞서가는 듯 보여도 그만한 열정이 아니라 해서 내가 뒤처지는 건 아니다. 짱짱한 장력은 때론 위태로워 보인다. 언제 끊어질지 모르는 긴장감이 느껴진다. 늘어지지 않은 적당한 장력은 고요하지만 팽팽하다. 강도를 올릴 수 있는 여유가 있다. 끊어질지 모르는 짱짱한 열정을 주제 파악 없이 따라 하다가는 언제 끊어져 튕겨 나갈지 모른다. 그러니 비교하지 말자. 자신의 리듬에 맞게 새로운 항로를 개척하며 자유롭게 살자.

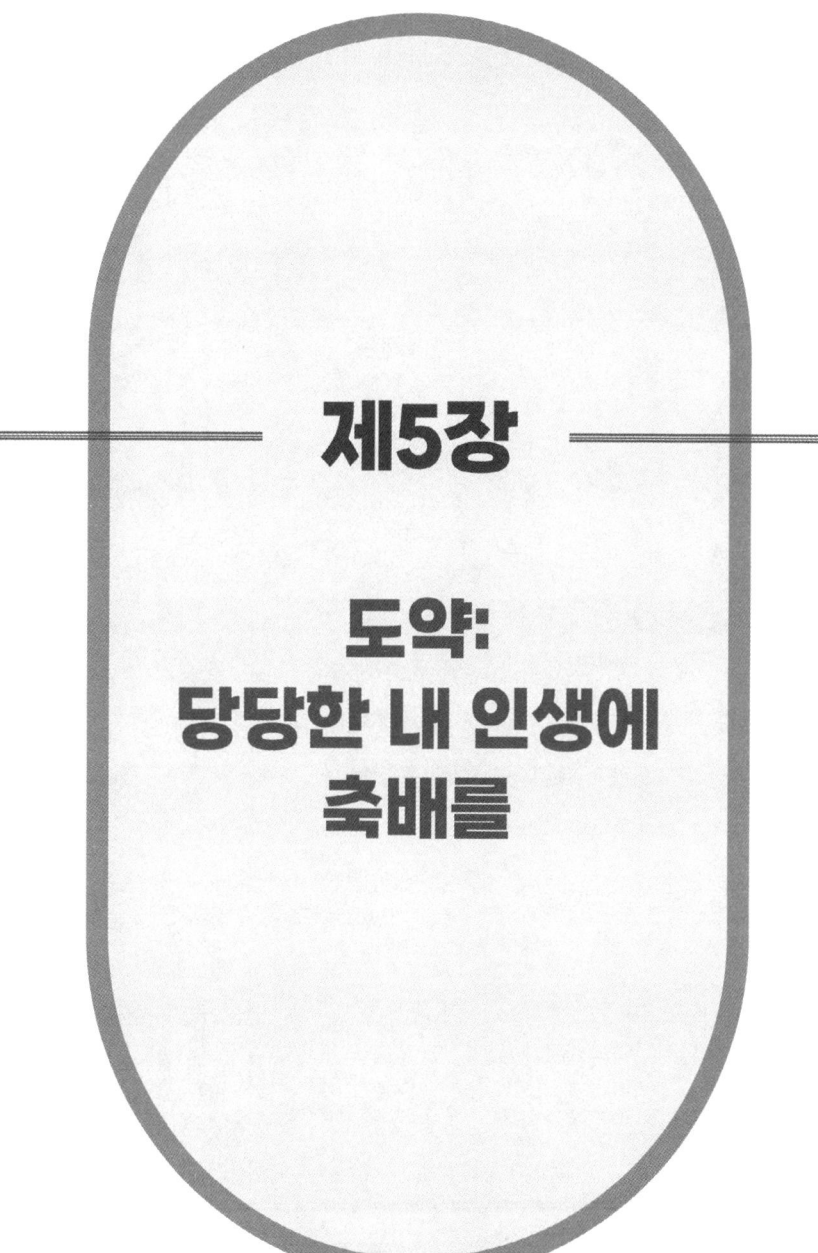

제5장

도약:
당당한 내 인생에
축배를

01

소신껏 살자

활활 타오르는 장작불을 가만히 바라본다. 왜 '불꽃'이라 했는지 알겠다. 오르락내리락하는 시뻘건 불덩인 줄 알았는데 자세히 보니 꽃잎을 닮았다. 예전에는 '불맛'이 좋아 캠핑을 했는데, 요즘은 '불멍'이 그리워 캠핑을 즐긴다. 눈이 떠지면 일어나고 배가 고프면 먹고 졸리면 자고 신문도 TV도 없이 볼거리라고는 하늘과 나무와 물뿐이다. 옆 텐트 사람들이 어떻게 놀든 무엇을 먹든 관심 없다. 쉼표를 찍어 만들어낸 이 하루 이틀이 달콤하게 느껴지는 건 평소와는 전혀 다른 삶의 모습 덕분이리라.

마흔이면 유혹에 흔들리지 않는다고 했다. 나 역시 나이를 먹으면 견고해지리라 기대했다. 그런데 과거의 마흔과 오늘날 마흔은 다른 것 같다. 인생에 마흔이 도래하는 시점의 차이 때문일까. 불혹의 대명사 마흔에 나는 자주 흔들린다. 견고하리라는 기대와는 달리 위태롭고 종종 외롭기까지 하다. 나만 그런 건 아닌가 보다. 굳건한 철학으로 꼿꼿한 마흔을 나는 아직 보지 못했다.

사춘기로 끝난 줄 알았던 격동의 시기를 나이 마흔에 또다시 지나고 있다. 위아래 안팎으로 치이면서도 괜찮은 척, 아무 문제도 없는 척 가장한다. 평균에서 벗어날까 전전긍긍하면서 참 애쓰며 산다. '남들처럼'이라는 잔인하게 슬픈 이유를 가진 채 말이다. 그렇게 사는 게 보통의 존재로서 이 사회에서 튕겨 나가지 않고 살아갈 자격이라 믿기 때문일까.

모처럼 만난 친구들과 늦게까지 술잔이 오갔다. 취기가 오르자 친구 하나가 자신의 고민을 꺼낸다. "틀어지면 남보다 못한 사이기 부부 사이라더니 요즘 집에 들어가기가 싫다." 신혼 때부터 성격 차이로 부부 싸움이 잦았다는 친구는 요즘 들어 눈도 마주치지 않는다고 했다. 위로와 동조가 오가며 또 다른 친구의 또 다른 문제들이 새어 나온다. 부모님 건강이 예전만 못하다는 걱정부터 다달이 들어가는 병원비, 애들 사교육비, 승진 얘기까지 사실 맨정신에는 꺼내기 힘든 얘기들이 "나도 나도" 소리에 힘입어 세상 밖으로 나왔다. 비슷한 고민을 하며 살면서 뭘 그렇게 다른 이들의 삶을 기웃대며 부러워했는지 마음이 놓이기도 하면서 한편으로 허망하기도 했다.

  자세히 들여다보면 문제없는 사람이 없다. 어느 분야에서 성공한 사람도 그 분야에서 성과를 낸 것이지 인생 전반이 모두 성공한 건 아니다. 그런데도 성공한 사람들을 무작정 따라 해야 한다고 생각한다. 그들이 어떻게 좋은 대학에 갔고 어떻게 좋은 회사에 들어갔고 어떻게 부자가 되었는지 따라 하면 나도 그렇게 될 수 있으리라 믿는다. 나 역시 틈틈이 그들의 삶을 엿본다. 집안일을 하면서도 이어폰을 귀에 꽂고 그들의 이야기를 들었다. 밥을 먹을 때도 밥보다 그들의 이야기를 곱씹었다.

  그들의 세상에서 시련과 아픔은 언제나 성공으로 이어졌다. 실패의 재기 과정은 늘 극적이었다. 그러나 내 삶은 그렇지 않았다. 시련은 시련으로 끝날 때가 더 많았고 실패는 그저 실패였다. 대단히 극적인 삶의 변화가 내게는 일어나지 않았다. 그래서 동경하게 되는지도 모르겠지만 그들의 세상과 내 세상을 비교하며 나는 낙담했다.

  참 흔들리기 쉬운 세상이다. 이렇게 키웠더니 아이가 좋은 대학에 들어갔다, 부족한 스펙으로도 취업에 성공했다,

이렇게 투자해 수백억 자산가가 되었다. 성공 사례가 넘쳐 난다. 나와 그들의 다른 점은 뭘까? 나름대로 열심히 살아 왔는데 나는 왜 그들처럼 성공하지 못했을까. 노력이 부족 했을까. 능력의 차이인가. 성찰의 시간이라기보다 질책에 가까운 시간을 보낸다. 그러는 동안 나는 점점 작아지고 초라해진다.

감사하게도 큰아이는 스스로 한글을 익혔다. 한글을 어떻게 읽고 쓰는지 가르쳐준 적이 없는데 어느 날 아이가 스스로 책을 읽고 글을 썼다. 때가 되면 자연스레 알게 되는 줄 알았다. 둘째 아이 역시 그러겠거니 여겼다가 초등학교 입학 전까지 글을 쓸 줄 몰라 애를 먹었다. 큰아이 때 나는 매일 잠자기 전 그림책을 읽어줬다. 아이가 한글을 깨친 건 잠자리 독서 덕분이라 생각했다. 둘째 아이도 똑같이 잠자기 전 책을 읽어줬다. 아이가 하나일 때보다 덜 읽어주긴 했어도 매일 그림책을 읽어준 건 같다. 그러나 결과는 달랐다. 똑같은 방법으로 아이에게 책을 읽어줬는데 한 아이는 스스로 한글을 익혔고, 한 아이는 그림만 열심히 보았다. 아이에게 매일 책을 읽어주면 자연스레 글을 익히게 될 거라는 내 생각이 흔들렸다.

시기마다 아이마다 발달 특성이 다르다는 사실을 알면서도 '평균'에 미달하면 우리는 불안해한다. 이 정도는 해야지, 이 정도 집에는 살아야지, 이 정도 차는 끌어야지, 참 많이 듣고 많이 쓰는 말이다. '이 정도'가 어느 정도를 말하는 걸까? 이 정도를 살지 못하면 실패한 인생을 산 걸까?

"이 세상에/ 못난 꽃은 없다/ 화난 꽃도 없다/ 향기는 향기대로/ 모양새는 모양새대로/ 다, 이쁜 꽃" 나호열의 시 '당신에게 말 걸기'의 한 부분이다. 못나도 화나도 당신도 이쁜 꽃이라고 말하는 시를 읽으며 남이 아닌 스스로 이쁜 꽃이라 여길 우리 각자의 소신(所信)이 필요하다 생각했다. 젊은 시절 배운 지식과 정보에 그간의 경험이 뒤섞여 나름의 소신(小信)이 생긴다. 소신이 시간의 무게에 올라타 확신이 서고 철학이 되면 우리는 조금 단단해질 것이다.

소신이 생기면 삶을 균형 있게 살 수 있다. 균형 있는 삶을 사는 건 매우 중요하다. 하지만 균형을 맞춘다는 게 쉽지 않다. 인생의 우선순위를 매기는 일도 어렵긴 마찬가지다. 우리는 그동안 삶의 무게 추를 어느 한쪽에 더 매단 채 살아왔다. 10대 시절에는 공부였고, 2030 때에는 일이었다. 40대와 50대에게는 가족과 돈이고 6070 세대에게는 건강이다. 누구나 삶의 무게 추가 한쪽으로 기울어진 뾰족한 삶보다 완만하게 둥근 삶을 바란다. 이것은 외연의 확장일 수도 있고 삶의 무게가 내 안으로 수렴하는 것이기도 하다. 중심이 단단해야 확장도 수렴도 가능하다. 지식과 정보가 넘쳐나도 경험이 부족하면 소신은 생기지 않는다. 스스로 부딪치고 얻은 깨달음만이 자신의 소신을 단단히 받쳐준다.

어쩌면 각자의 소신이 있다 하더라도 흔들릴 것이다. 이 길이 맞는지 이 방법이 맞는지 괜히 시간만 허비하는 건 아닌지 때때로 의심하고 불안할 것이다. 소신인지 오만인지 모호한 경계선 위에 홀로 서 있는 듯한 외로움도 느낄 것이다. 그래서 다수가 서 있는 그곳이 안전하다 느낄 수 있다. 이미 결과로 나타난 다른 이의 소신이 옳다고 여겨질 수 있다.

사람 사는 것 다 거기서 거기라지만 '거기서 거기'의 거리가 한 치 앞이라도 다른 건 다른 것이다. 각자 자기답게 살면 된다. 누구의 소신이 옳다 그르다 예단할 필요 없다. 소신이 오만과 독선이 되지 않게 경계하며 흔들려도 멈추지 말고 나아가면 될 뿐이다.

02

나는 누구인가?

정확히 언제였는지 기억하지 못한다. 마흔의 언저리 그 어딘가에서 불현듯 나는 '나답게' 살고 싶어졌다. 그것이 앞으로 내가 행복하게 살아가는 유일한 방법임을 직감했다. 이제는 여유가 생겨서 나다움을 찾는 게 아니었다. 이제라도 진정으로 내가 원하는 모습으로 살고 싶다는 본능이 버티다 못해 결국 모습을 드러냈을 뿐이다.

그런데 나는 무엇이 나다운 것인지 알 수 없었다. "당신은 누구인가?"라는 물음에 나는 항상 누구의 무엇으로 정의되었기 때문이다. 하지만 나는 작은 점일 때도 나였다. 생명으로 인정받기 전부터 나였다. 나라는 독립적이지 못한 생명체가 우주에 존재하는 순간부터 나는 나였다. 단지 그러한 사실을 너무 오래 잊고 살았다.

너무 오랜 시간 잊고 지낸 나를 만나려니 기대 반, 걱정

반이다. 어떤 모습을 기대하는 걸까? 혹여 내가 만들어놓은 허구의 인물에 나를 대입하려는 불순한 의도가 있는 건 아닐까? 매일 스스로 물었다. '너 어떻게 살고 싶니?' 여기서 '어떻게'를 정의해야만 다음 스텝으로 넘어갈 수 있다 생각했다. 인생을 잘 살고 싶다는 문장 하나로 모든 대답을 담을 수 있긴 하지만 어떻게 사는 게 잘 사는 건지 구체적인 모습을 그려봐야 했다.

여백의 종이 한 장을 꺼냈다. 매일 새벽 경건한 마음으로 앉아 머릿속에 그려지는 모습을 종이에 옮겨 적었다. 처음에는 버킷리스트처럼 거창해 보이는 일회성의 모습을 적었지만, 시간이 지날수록 평범한 일상의 모습이 종이 위에 담기기 시작했다. 돈, 책, 커피처럼 떠오르는 단어를 적기도 했다. 어떻게 살고 싶은지 적다 보니 내가 보이기 시작했다. 좋아하는 것, 잘하는 것, 하고 싶은 것, 부족한 것, 이 모두가 모여 '나'였다.

일하느라 애들 돌보느라 사실 내가 뭘 좋아하고 뭘 싫어하는지 제대로 들여다본 적이 없다. 상황에 맞추어 스스로 트랜스포머가 되었다. 그게 나라고 믿어왔다. 사는 게 다 그런 거라고 남들도 이렇게 산다고 위안 삼았다. 그런데도 '나는 누구, 여기는 어디'냐는 우스갯소리가 종종 현실을 타격했다.

"얘, 너 지금 뭐 하니?"

내가 누군지도 모르고 어디에 있는지도 잊은 채 그저 열심히 사는데 누가 나를 따끔하게 불러낸다. 지금 이렇게 사는 게 내가 원하는 삶이냐고 묻는다. 이 모습이 진짜 내 모습 맞느냐고 묻는다. 이렇게 열심히 사는 내게 뭐 하냐고 묻는다. 막막했다. 어디서 나를 찾아야 하지?

미켈란젤로에게 어떻게 피에타상이나 다비드상 같은 훌륭한 조각상을 만들 수 있었느냐 묻자 그는 다음과 같이 대답했다. "조각상이 대리석 안에 이미 존재한다고 상상하며, 필요 없는 부분을 깎아내 원래 존재하던 걸 꺼내주었을 뿐이다." 불필요한 걸 걷어내 원래 존재하는 것을 온전히 꺼내주었더니 훌륭한 조각상이 되었다는 말처럼 우리는 자신 안에 존재하는 본래의 나를 꺼내주어야 한다.

다른 사람의 삶을 들여다보며 내 삶에 무엇이 부족한지

깨닫는 일은 삶의 질을 높이는 데 유용하게 작용할 수 있겠지만, 타인의 시선으로 자신을 재단해 평가하는 일은 삶을 낭비할 뿐이다. 나의 삶인지 남의 삶인지 정체불명의 삶을 사느라 고군분투하던 지난 시간이 안타깝고 허망하기도 하다. 장자가 말하길 무용지용(無用之用)이라 하지 않았나. 그런 시간이 있었기에 이제라도 내가 내 삶을 살아야겠다 깨달았으니 오히려 잘된 일인지도 모른다.

타인의 잣대가 아닌 나의 잣대로 내가 옳다고 여기는 것을 향해 조금씩 나아가는 삶이야말로 내가 내 삶을 영위하는 가장 나다운 행복한 방법일 것이다.

03

욕망을 거스르지 말자

 인간은 사회적 동물이란 말을 중학교 때 처음 접했다. 인간도 동물의 범주에 들어간다고는 알았지만 사회적 동물의 '사회적'이라는 의미를 당시에는 이해하기 어려웠다. 어느새 세월의 나이테를 두르다 보니 사회적 동물의 의미를 이해하게 됐다. 인간은 혼자서는 살아갈 수 없는 존재다. 누군가가 만든 옷을 입고 누군가가 재배한 곡식을 먹고 누군가가 만든 집에서 산다. 의식주처럼 기본적인 욕구를 타인의 힘을 빌려 해결하는 것만으로 모자라 누군가와 끊임없는 상호작용을 하며 나라는 개체의 삶을 살아간다. 혼자일 때보다 덜 외롭고 더 즐겁지만, 타인과의 상호작용이란 때로는 나의 진정한 모습을 감추고 그들의 기준에 맞추는 일이기도 하다.

 혼자 살았으면 느끼지 않았을 감정들을 시도 때도 없이

경험하며 인생의 희로애락에 몸을 맡긴다. 이 세상을 혼자 산다면 더 좋은 옷, 더 맛있는 음식, 더 멋진 집이 필요할까. 그냥 옷, 음식, 집이면 충분하지 않았을까. 각자의 취향과 입맛에 따라 좋아하고 싫어하는 기호는 있을 수 있겠지만 어쩐지 '더' 좋은, '더' 맛있는, '더' 멋짐은 각자의 고유성보다 경쟁에 초점을 맞춘 것 같아 불편하게 느껴진다.

사실 이런 마음은 타인과의 경쟁에서만 생겨나는 감정이 아니다. 더 좋은 무언가를 소유하고 더 멋진 누군가가 되고 싶은 바람은 내 안에서도 수시로 생겨난다. 가지고 싶은 것과 되고 싶은 것이 어디 한둘인가. 어디선가 인간은 '욕망 덩어리'라고 정의한 걸 본 적이 있다. 덩어리라는 단어가 주는 질퍽함 때문인지 욕망이 주는 부정적 느낌 때문인지 모르겠으나 과히 좋은 의미로 표현한 것 같지는 않다.

욕망이라 일컫는 수많은 바람(Hope)이 내 안에서 넘실댈 때 나도 모르게 죄책감에 시달리곤 했다. 누군가에게 섣불리 꺼내놓지 못하는 내 안의 바람들을 남들이 알아차리면 무슨 욕심이 그리 많으냐고 비난받을까 봐 지레 자책했다. 그러나 그것은 욕망(欲望)과 욕심(慾心)을 구분하지 못한 내 무지였다. 원하는 게 하나여야 한다고 누가 그랬는가. 하고 싶은 일이 여러 개면 안 된다고 누가 그랬는가. 원하고 바라는 게 많으면 세속적인 인간이라고 감히 누가 지적할 수 있느냐 말이다.

　스탠리 쿠니츠는 삶의 원동력을 첫째도 욕망, 둘째도 욕망, 셋째도 욕망이라고 말했다. 나는 이 말에 매우 공감한다. 욕망은 우리가 인간으로 살아가는 데 필요조건이 아닐 수 없다. 욕망이 없다면 우리는 발전할 수 없을 것이다. 당신이 나처럼 욕망이란 단어에서 부정적인 느낌을 받았다면, 우리 스스로 욕망의 본질이 무엇인가를 오해하고 있는 건 아닌지 생각해보아야 한다. 욕망의 사전적 정의나 학자들의 주장과는 별개로 각자 욕망의 정의가 필요하다. 나 역시 욕망은 감추고 없애야 하는 대상으로 간주해왔다. 겉으로 드러내놓고 말할 수 없는 은밀한 욕구쯤으로 여겼다. 사람들의 야유나 질투가 두려웠고 스스로 그것이 욕심이라 여겼던 탓이다. 그러나 욕망은 내 안 어딘가에서 밀려 올라오는 숨길 수 없는 본능이자 자아였다.

　2년 전 참석한 저자 강연회에서 나는 나의 욕망이 나쁜 것이 아니며 더는 숨겨서는 안 된다는 사실을 깨달았다. 무언가를 바라고 원하는 그 마음은 탐욕이 아니라 삶의 원동

력임을 인정하게 되는 순간이었다. 흐르는 눈물을 주체할 수 없었다. 그동안 욕심이란 주홍글씨로 옭아맨 나의 욕망에 자유가 허락되는 순간이었다. 한참을 울고 나니 가슴이 그렇게 시원할 수가 없었다. 해보고 싶은 건 다 해보라는 저자의 말이 그동안 이런 걸 원하는 건 욕심일지 모른다는 죄책감에 '네 죄를 사하노라' 하는 말처럼 들렸다.

내가 욕망을 가진 사람이라는 게 부끄럽고 불편했던 건 내가 가진 수많은 것 중 내 것이 아닌 그 무엇에 품은 부정적 감정이 아니었을까. 내가 진정 바라고 원하는 것이 아니라 타인의 그 무엇을 탐했기 때문은 아니었을까. 욕망의 본질이 진정한 나를 찾고자 하는 심연의 몸부림이라 정의하자 나는 편안해졌다. 욕망을 좇는 건 본래의 나를 찾아가는 여정과도 같은 것이다. 그 끝이 어딘지 알 수 없으나 나는 가야 한다.

루소는 욕망이 우리가 도달할 수 없는 곳으로 우리를 이끌어 결국 불행에 이르게 한다고 했다. 만족을 모르는 인간에 대한 경고일까. 하지만 나는 그의 말에 동의하지 않는다. 욕망이 없다는 건 살아 있으나 죽은 것이나 마찬가지다. 불행하지만 살아 있는 삶을 사는 것과 불행하지는 않지만 죽은 삶을 사는 것 중에서 하나를 선택하라면 나는 감히 전자를 택하겠다.

  내 안에 무수한 욕망이 들끓고 있다는 사실을 애써 부정하고 그런 자신을 곱지 않은 시선으로 바라보던 자신에게 용서 대신 용기를, 질책 대신 응원을 건네고 싶다. 심지어 내 안에서 상충하는 욕망조차 자아를 찾아가는 아름답고 숭고한 과정임을 수용하려 한다. 내가 나답게 살고자 하는 간절한 마음, 그렇게 살기 위해 하고 싶은 일들, 나는 그것을 '욕망'이라 정의한다.

04

본진부터 튼튼히

'내가 겨우 이거 하려고 힘들게 들어온 줄 아나.'
'회사 때려치우고 내 사업이나 한번 해볼까?'

사회생활을 하다 보면 이런 비슷한 생각들이 수시로 나를 헤집어놓는다. 정말 어렵게 입사했는데 이런 대우를 받아야 하는지부터 나는 이런 일을 할 사람이 아니라는 자괴감에 빠져 하던 일마저 손에 잡히지 않을 때가 있다. 다행인지 불행인지 딱 거기까지 심란했다가 다시금 하던 일로 돌아오곤 하지만 언젠가는 나도 '내 일'이라는 걸 하고야 말겠다는 '은장도' 하나를 은밀히 가슴에 품고 회사에 다닌다.

마흔을 넘기면 자신이 원하든 원하지 않든 이제는 제2의 인생을 준비해야 할 시기가 목전에 와 있는 것이 현실이다. 신입 때 패기와 열정은 사라진 지 오래고 위아래로 치이다 보면 내가 언제까지 이곳에서 버틸 수 있을지 수백 번 고뇌하게 된다. 끝까지 버티다 퇴직하는 선배들을 보면 아, 내 미래가 저런 모습이구나 하는 실망감에 그나마 품고 있는 의욕마저 꺾여버린다.

요즘은 입사할 때부터 퇴사를 계획한다는 기사를 보면서 회사도 그곳을 다니는 사람도 참 가엾다는 생각이 들었다. 통계자료를 보니 연차 1년 미만 신입사원의 이직률과 퇴사율이 가장 높은 것으로 조사됐다. '1년 안에 못 나가면 결국 못 나간다'라는 우리끼리 불문율이 소문만은 아니었나 보다. 원하는 회사에 입사했어도 상상과 현실은 다른 법이다. 욜로(Yolo)니 파이어(Fire)족이니 운운하며 참고 견디기보다 투잡(Two Job), 스리잡(Three Job)으로 영역을 확대하는 이들이 제법 늘었다. 'N잡러'가 능력 있는 것처럼 보이고 성실히 직장에 다니는 걸 시대에 뒤떨어진 사람쯤으로 여기기도 한다.

자기계발의 성패는 결국 성과다. 그리고 성과는 수익이 말해준다. 책을 읽는 것도, 운동을 하는 것도, 투자 공부를 하는 것도 결국 그렇게 했더니 얼마를 벌었다는 말로 마무리된다. 금액이 많을수록 자기계발에 성공한 사람처럼 보인다. 그리고 너도나도 그런 방법을 따라 한다. 그러니 지금 자신이 하는 시간과 노동력 대비 수익이 떨어져 보이는 본업에 집중하지 못하고 어떻게 하면 급여 외 소득을 만들 수 있을까에 열을 올린다.

회사만 열심히 다니면 노후가 보장되던 시대는 끝났다. 그리고 그 시대는 다시는 오지 않을 것이다. 늘어난 수명만큼 수입과 자산이 늘어나지 않으면 우리는 상상보다 더 비참한 노후를 맞이할지도 모른다. 아직 가보지 않은 길, 그래서 더 두렵고 불안하다. 체력과 명석함이 남아 있을 때 파이프라인 하나라도 더 만들어놔야 안심이 될 것 같다.

몇 해 전 참석한 자기계발 강의에서 '생산자'라는 키워드를 접하고 꽤 오래 혼란의 시간을 보냈다. 생산자, 이제껏 한 번도 내가 생산자가 되어야 한다는 생각을 해본 적이 없었기에 그 충격은 꽤 컸다. 어쩌면 일정 부분 이미 생산자의 삶을 살고 있는데 정작 그 일을 하는 내가 그렇게 생각하지 못했을 수도 있다. 어쨌거나 생산자라는 키워드가 잔잔한 내 인생에 파장을 일으킨 것만은 확실하다.

지금껏 대부분의 인생을 소비자로 살아온 내가 갑자기 생산자가 되어야겠다고 결심하자 주변이 다 돈과 연결돼

보이기 시작했다. 마음이 급해졌다. 나는 지금껏 쓰기만 했는데 다른 누군가는 이런 걸 상품으로 만들어 판다는 사실이 놀랍기도 하면서 자신이 한심하게 느껴지기도 했다. 영리 행위를 할 수 없는 신분의 한계에 부딪히자 나는 더 낙담했다. 프레임에 갇히자 생각은 점점 위축됐다. 새로운 아이디어를 고민하기보다 기존의 것을 모방하기에 급급했다. 그럴수록 다른 사람과 나를 비교하며 내가 하는 일의 가치를 평가절하했다.

생산자의 키워드에 꽂혀 혼돈의 시간을 보내는 중에 우연히 '1인 기업'이라는 말을 접하게 되었다. 프리랜서처럼 혼자 일하지만 불러주면 가는 게 아니라 주도적으로 일을 계획하고 만들 수 있다는 말이 매력적으로 다가왔다. 주체적인 삶을 살고 싶지 않은 이가 있을까. 누군가 이끄는 삶은 순간순간 편할 수 있지만 곧 싫증이 난다. 감동도 없고 재미도 없다.

일도 마찬가지다. 일의 전체를 보지 않고 부분만 보면 재미는커녕 그 일이 하찮게 느껴진다. 기업을 경영하는 CEO는 일의 단락만을 보지 않는다. 그들은 전체적인 그림을 그리고 부분부분을 체계적으로 준비한다. 주어진 일만 하는 직원과 맥락을 그리며 일하는 경영자의 차이가 바로 여기에 있다. 인생을 사는 태도도 크게 다르지 않다. 내 삶의 직원이 되느냐 경영자가 되느냐는 내 태도에 달려 있다. 공무원이니 뭔 걱정이냐는 친구에게 너나 나나 사노비(私)고 공노비(公)일 뿐이라고 푸념했던 내가 부끄러워졌다.

한번은 사우나에 있는데 중년의 여성 두 명이 남편 취미에 대해 불만을 토로한다. 남편이 오토바이를 타는 취미가 있는데 그렇게 자기랑 라이딩을 가고 싶어 한단다. 몇 번은 같이 가줬는데 본인은 영 재미를 못 느끼겠단다. "자기나 재밌지, 나야 뒤에 매달려 가는데 뭐가 재밌겠어." 그분 말을 듣던 친구가 맞장구를 친다. "그럼. 주도적이지 않은데 당연히 재미없지." 취미도 이런데 일은 더욱 그렇지 않을까.

자기계발 강연장에서 다양한 사람들을 만났다. 회사원, 주부, 공무원, 의사, 자영업자, 학생까지 직업은 물론 성별과 나이마저 불문한다. 사는 곳도 다르고 하는 일도 다르지만, 우리 목표는 모두 '지금과는 다른 삶을 사는 것'이다. 지금과 다른 삶이란 지금보다 나은 삶을 의미한다. 새로운 지식과 정보를 통해 자신을 개발하고 자신의 환경을 개선하는 것, 그래서 지금보다 더 행복한 인생을 사는 것이다. 우리가 꿈꾸는 미래에 지금의 문제란 없어 보인다. 그래서인지 현실은 더 팍팍해 보이고 답이 없어 보이고 암울하게 느껴진다. 지금은 비록 '네'밖에 할 수 없는 처지지만 머지않은 미래에는 '노'라고 말할 수 있을 거라 기대한다.

지금 내가 하는 일, 지금 내가 가진 게 하찮게 느껴지는 건 이미 내 통제 안에 있기 때문이다. 저 사람이 하는 일, 저 사람이 가진 게 대단해 보이고 심지어 그들을 모방하려 애쓰지만, 그것은 실체가 존재하지 않은 허상이고 그런 삶은 아류(亞流)에 불과하다. 우리는 우리가 살고 싶은 구체적인 삶을 향해 살아야 하고 현실을 살아야 한다. 지금의 내 삶은 실재하는 사실이고 원류(原流)이기 때문이다.

나는 무엇을 위해 자기계발에 이토록 심혈을 기울였을까. 내 삶을 경영하고 싶기 때문이다. 누구처럼이 아닌 나처럼 살기 위해서다. 그것이 생산자의 삶이고 주인의 삶이다. 회사는 경영하지 못해도 자신의 삶은 스스로 경영할 수 있어야 한다. 몸은 회사에 있으면서 정신은 온통 다른 곳에 가 있지는 않은지, 혹시 그런 자신의 모습을 열심히 사는 것이라 오해하고 있지는 않은지 자신에게만은 솔직하고 진지하게 묻고 대답해보자. 제2의 인생을 시작하는 많은 이들이 어떤 일로 시작하는지 아는가? 그들이 평생 지겹다고, 별거 아니라고 불평하던 그들의 본업에서 다시 시작한다. 일을 어떻게 규정하느냐에 따라 우리는 그것의 주인이 되기도 종이 되기도 한다. 그러니 우리는 지금 내가 하는 일에서 먼저 주인이 되어야만 한다.

05

내 인생의 기똥찬 순간, 만들어보자!

"대한민국은 50년 동안 별일을 다 겪었는데 인간 박상훈의 인생은 먹고 싸고 먹고 싸고… 징그럽게 먹고 싸고…. 그래서 만들려고, 기억에 남는 기똥찬 순간. 있어야 할 것 같아. 뭐라도 해서 만들어 넣어야 덜 헛헛할 것 같아."

몇 년 전 종영한 드라마 〈나의 아저씨〉의 한 장면이다. 극 중 이선균(박동훈 역)의 죽고 못 사는 사람들이 매일 모여 술을 마시는 정희네 가게에서 동훈의 형 상훈이 세상 진지하게 내뱉은 대사다. 내가 태어난 이래 나의 조국은 별일을 다 겪었는데 그 속에 사는 난 먹고 싼 기억밖에 없다는 그의 말이 질질하게 가슴에 내려앉는다. 상훈보다 덜 살았지만 나 역시 40년을 넘게 살았는데 돌아보니 내 인생 기똥찬 순간을 꼽으라면 글쎄, 나는 어떤 장면을 떠올려야 할까.

새삼 진지하게 인생의 뭐라도 만들겠다는 상훈의 말에 누구도 귀를 기울이지 않지만, 상훈 자신만은 무언가 일을 벌일 계획이다. 한평생 먹고 싸고 먹고 싸고 한 기억밖에 없다면 잘못 산 인생은 아닐지라도 참 재미없는 인생을 사느라 고생했겠다 싶다. 하지만 먹고 싸는 게 기본이라 그걸 해결하느라 인생의 대부분을 쏟아버린다. 상훈의 말이 오랫동안 머릿속을 맴돈다. 밥을 먹을 때마다 그 대사가 떠올라 숟가락을 들었다 놨다 했다. 좋은 명대사도 많은데 굳이 저 대사가 내 가슴에 오랫동안 남았다.

사우나에 앉아 있으면 듣기 싫어도 들려오는 남의 얘기가 많다. 비슷한 시간에 계속 이용하면 통성명 한번 제대로 나눈 적 없는 사우나 친구가 여럿 생긴다. 처음엔 별 시답지 않은 이야기로 말문을 트고 머무는 시간이 길어질수록 속 깊은 얘기까지 오간다. 저녁 준비 전 애매한 오후 시간에는 나이가 지긋한 할머니 친구들이 많이 오신다. 보통 사우나에서 두세 시간을 보내다 저녁 할 시간이 돼서야 느지막이 돌아가신다고. 안 지치시느냐고 여쭙자 집에 가면 재밌는 일도 없고 여기서 이렇게 시간 죽이는 게 가장 즐거운 시간이란다. 젊을 땐 시간에 쫓겨 허둥지둥 정신없이 살았는데 나이가 들면 시간을 죽여야만 시간이 가니 어떻게 살아야 할지 도통 감이 오질 않는다. 이분들 인생의 기똥찬 순간은 언제였을까. 이분들도 평생 먹고 싼 기억밖에 없다고 할까 봐 겁이 나서 묻지 못했다.

나이가 들수록 삶의 의미에 진지해진다. 매일 똑같은 일상이 덧없게 느껴지는 순간이 늘어간다. 단순히 삶의 재미를 운운하는 게 아니다. 그렇다고 희생이라는 단어를 입에 담을 만큼 숭고한 인생을 살겠다 다짐하지도 않는다. 잘 먹고 잘 싸는 인생, 그 이상의 '무엇'이 있는 삶을 살고 싶다.

언젠가 톡방에 '건물주 삶'이란 짤이 돌았다. 여유 있게 일어나 자기 건물 1층에 있는 카페에서 모닝커피를 마시고 신문을 읽고 부동산에서 투자 브리핑을 받고, 오후에는 지인들과 건물에 입주해 있는 스크린 골프장에서 운동한다. 친구들과 만나 돈 되는 정보를 공유하며 저녁 시간을 보내고 행복하게 잠자리에 든다. 누구나 꿈꾸는 여유로운 일상이다. 실제로 건물주의 삶이 위와 같은지 모르지만 내가 바라는 인생의 행복이 저 일상에 모두 있진 않았다.

실제로 내 삶을 돌아보면 내 인생인데 내 맘대로 할 수 있는 게 별로 없었다. 시키는 일이나 하고 시간이나 죽이고, 즐거움이나 보람보다는 고통과 의무로 하는 일이 더 많았다. 이렇게 살려고 태어난 건 아닐 텐데. 분명 세상에 온 이유가 있을 텐데. 이유 없이 태어났다 해도 이렇게 살다 가고 싶지는 않은데 말이다. 엄청나게 대단한 인생을 살겠다고 결심한 건 아니지만, 적어도 삶의 맥락은 느끼며 살고 싶었다. 그래서 시작한 자기계발이다. 지금보다 나은 모습의 내가 되면 그 맥락이라는 걸 읽어낼 수 있지 않을까 해서다.

그런데 독서나 강의 어떤 자기계발 분야든 결국엔 '돈'이다. 책을 읽고 얻은 아이디어로 수익을 만들었다는 사례, 강의를 듣고 어디에 투자했더니 부자가 되었다는 사례, 자기계발 플랫폼은 마치 돈 버는 '우수 사례집' 같다. 모두가 자기계발을 통해 경제적 자유를 이루겠다고 한다. 경제적 자유를 갈망하는 건 내 삶이 최소한 돈 때문에 휘둘리지 않기 위함이다. 나도 안다. 나 역시 간절히 바라는 바다. 그렇지만 모든 자기계발의 끝이 '돈'으로 귀결되는 건 내가 진정으로 바란 자기계발은 아니다. 돈 많은 것 이상의 품격 있는 인생을 살고 싶다.

정신없이 열심히 산다고 살았는데 어쩐지 열심히 산 게

잘한 일만은 아닌 것 같다는 생각이 든다. 솔직히 '열심히'가 진짜 열심히인지 그냥 그런 기분이었는지도 인제 와 생각하니 헷갈린다. 극 중 상훈이 열심히 살지 않아서 인생의 기막힌 순간이 없었던 건 아닐 것이다. 의미를 부여하자면 인생의 매 순간이 기똥찬 순간이다.

그렇지만 내 인생을 돌아볼 때 먹고 싼 기억으로만 점철돼 있다면 무척 가슴 아프겠다. 하루의 낙(樂)이 시간을 죽여서 얻는 것이라면 참 슬프겠다. 최근 나는 '취미 부자'인 사람들이 부러워지기 시작했다. 세상에 돈 되는 일도 많은데 굳이 돈 안 되는 일에 애정과 관심을 쏟는 그들이 보이는 삶의 태도가 부럽다. 매일 먹는 식사도 음식에 어울리는 적절한 그릇을 골라 정성껏 담아서 내는 사람은 단순히 허기를 채우는 행위에 초점을 두는 게 아니라 그 시간을 힐링과 치유의 시간으로 승화시키는 전혀 다른 가치를 만들어낸다.

먹고 싸는 가장 기본적인 생리 욕구의 해결만으로 인간이 인간답게 살 수 없듯이 우리에게는 자신의 자아가 만족하는 삶을 살아야 할 책임이 있다. 그것은 먹고 싸는 생리적 욕구처럼 단순하지 않다. 나의 자아를 발견하고 자아가 원하는 삶의 방향과 방법을 찾아 나로서 사는 것, 그것은 누구나 같은 모습일 수 없다.

  우리 모두 태어난 이상 살아간다. 태어난 집안도 체질도 기질도 다르지만, 동시대를 함께 살아간다. 동시대를 함께 살아간다 해서 모두가 똑같은 기똥찬 장면을 연출해야 하는 건 아니다. 나는 나대로 당신은 당신대로 각자의 인생을 살며 자신이 헛헛하지 않을 뭐라도 만들어가면 된다. 내 인생, 네 인생 견줄 필요 없다. 스스로 기억할 기똥찬 순간이면 족하다.

06

지금, 여기 그리고 나

'이만한 일로 왜 그래?'
'겨우 이 정도밖에 안 되는 사람이었어?'

힘들다는 말조차 자존심이 상했다. 예의 없이 나를 대하는 상대의 태도에 겉으로는 저항하는 척했지만 한없이 주눅 들었다. 모멸감을 느끼면서도 나는 매일 그곳에 있을 수밖에 없었다. 매일 조금씩 갈려나가는 내 영혼의 슬픔을 누구와도 나눠 가질 수 없었다.

인생을 살다 보면 깊은 수렁에 빠져 허우적댈 때보다 작은 돌부리에 걸려 넘어지는 경우가 실은 더 많다. 어쩌면 내게 그 시간은 인생의 작은 돌부리에 지나지 않는다. 넘어졌어도 툭툭 털고 일어나 다시 길을 가면 된다. 그러지 못했을 뿐이다. 미래를 위한 인내라고 애써 의지를 다져봐도 웬일

인지 기운이 나지 않았다. 어쩌면 미래도 지금과 크게 다르지 않을 것 같다는 두려움이 엄습했다. 그건 더 견디기 힘든 괴로움이었다. 지금이야 미래를 위해 버틴다지만 막상 그 미래에는 또 무엇을 붙잡고 참아낸단 말인가.

이건 아니다 싶었다. 아니 이젠 안 되겠다 싶었다. 미래를 담보해 받은 지금이라면 그건 미래와 맞바꾼 현실에 불과하지 않은가. 과거와 현재 그리고 미래는 분리할 수 있는 개별적 시공간이 아니다. 그 시공간에 존재하는 자신도 서로 다른 존재가 아니라 같은 존재이다. 순간순간이 상호 유기적으로 연결되어 하나의 역사를 만드는 살아 있는 증거가 바로 '나'다. 이전의 나, 앞으로의 나 그리고 지금의 내가 가장 잘 살아야 하는 세상이 있다면 현재다. 과거의 나, 지금의 나, 미래의 내가 모두 응축해 살아 숨 쉬는 순간이 바로 '지금'이기 때문이다.

열심히 책을 읽고 강연을 들은 건 그 때문이었다. 내가 단단해지면 돌부리쯤 툭 걷어낼 수 있다고 생각했다. 그런데 그것만으로는 단단해지지 않았다. 언제부터인가 자기계발 역시 미래의 변화를 기대하며 지금을 참으라 말하고 있었다. 지금 여기에 문제가 있는데 보이지 않는 미래에 시선을 둔 채 문제를 해결하려고 했다. 그래서 멈췄다. 미래의 안락한 삶도, 발전한 나도 중요하지만 지금의 내가 더 간절했기에 멈추는 게 옳았다.

그렇다고 책을 읽고 강연을 들은 시간을 낭비했다고는 생각하지 않는다. 그 시간은 그 시간대로 가치 있었다. 그 속에서 잠시 중심을 놓치고 방향을 잃긴 했어도 40년 만에 나라는 사람의 존재를 깊이 생각해보는 시간이 되었다. 누구나 현재가 중요하다 말하지만 정작 그걸 의식하며 사는 사람은 드물다. 누구나 자신이 가장 소중하다고 말하지만 그렇게 대접하지 않는다. 나 역시 나답게 사는 내 인생을 만들자고 출발했는데 앞서가는 사람들, 어쩌면 그래 보였을 뿐인 다른 이들의 삶을 동경하며 '나처럼' 대신 '너처럼'으로 오락가락했다. 그렇게 잘못 가고 있다는 것도 한참이 지나서야 알았다.

많은 사람은 자신의 화려했던 과거를 추억하거나 찬란할 미래를 꿈꾼다. 그러나 왕년에 이룬 것들은 현재라는 시간에 밀려 사라지고 만다. 다행히 영광은 사라졌을지 몰라도 과거의 순간은 현재의 곳곳에 체취를 남긴다. 그러니 찬란할 미래를 꿈꾼다면 지금을 제대로 살아야 한다. 오늘은 오늘로 끝나지 않는다. 과거의 DNA를 미래로 이어주는 길이 된다. 지난날의 실패나 실수도 지나고 나면 교훈이 되듯 우리는 모든 경험을 통해 조금씩 성장해간다.

과거를 추억하거나 미래를 상상하는 일은 즐거운 일이다. 아쉽고 안타까운 기억도 지나고 보면 기억 저장고에 예쁘게 자리하고 있다. 꿈꾸는 미래에 실패나 시련이 없는 건 당연하다. 계획한 대로 원하는 대로 모든 일이 순조로워 보인다. 오로지 현재만이 적나라하게 나를 드러낸다. 외면하고 싶고 부정하고 싶은 나의 모습을 들춰낸다. '앞으로는 좋아질 거야.' '다음에는 성공할 거야.' '지금은 그때를 위해 참고 견뎌야 해.' 이런 주문이 통하는 이유다.

그러나 흘러간 시간 속에 너무 오래 머물지 말 것이며, 도래하지 않은 시간에 너무 기대어 살지 말자. 가장 적나라하지만 그래서 가장 구체적인 지금의 순간을 온몸으로 알아차리며 살아가자.

07

나를 상상하라!

가끔 두 아들을 바라보며 청년이 된 그들의 모습을 상상해본다. 그런데 막상 미래의 나는 어떤 모습일지 생각해본 적이 없다. 가족의 미래에 대해서는 구체적으로 그려보면서 어째서 정작 내 미래에 대해서는 생각조차 하지 않았던 걸까.

아이들을 학교에 보내고 혼자 남은 집은 고요하다. 커피를 한 잔 내려 소파에 앉자 지금의 모습이 어색하다. 아침마다 정신없이 출근 준비를 하고 아이들과 함께 현관을 나서던 때가 내겐 더 익숙하다. 곧 일터로 복귀해야 할 시간이 다가오자 생각이 많아진다. 몇 해 전만 해도 이렇게 집에 있는 나를 일절 상상하지 못했다.

워킹맘으로 12년을 보냈다. 근무지에 따라 일상의 모습은 조금씩 달랐지만 한결같이 시간에 쫓기며 분주했다. 교

대근무를 할 때는 아이가 아파도 함께 있어주지 못했다. 수화기 너머 울며불며 엄마를 찾는 아이에게 내일 만나자는 말만 되풀이했다. 전화를 끊고 무슨 부귀영화를 누리겠다고 이러나 싶은 마음에 홀로 눈물을 훔친 적이 한두 번이 아니다.

일하는 엄마의 애로사항은 아이가 크면 해결될 것이다. 정신없이 반복되는 일상에 지칠 때마다 시간이 지나면 괜찮아질 거라 스스로 다독였다. 그러다 문득 이런 생각이 들었다. '이렇게 버티다 보면 아이가 더는 엄마를 찾지 않고 회사에도 다닐 수 없는 시기가 오겠지. 그럼 나는 이미 중년을 넘어 노년의 문턱에 서 있겠구나. 지금보다 더 늙고 힘없는 보통의 아줌마가 되겠지. 그때가 돼서야 나답게 살 수 있는 건가? 그제야 내가 어떤 일을 할 때 즐겁고, 어디에 재능이 있는지 찾으면 되는 걸까?' 생각만 해도 억울했다. 내 젊음과 내 인생이 안타까워 견디기 힘들 것 같았다. 제2의 인생까지 기다릴 필요 없이 지금부터라도 내 인생을 찾아야겠다고 결심했다.

매일 새벽 어떤 삶을 살고 싶은지 생각했다. 시간 구애 없이 친구를 만나고 아무 때고 여행을 가는 여유로운 생활도 상상했지만 뭔가 아쉬웠다. 진정한 삶의 의미를 느낄 수 있는 무언가가 있어야 했다. 그건 엄마, 아내, 직장인으로 설명되지 않는 내 또 다른 정체성이기도 하다. 찾아야 했다. 생각만 해도 설레는 일, 힘들고 어려워도 지속할 수 있는 일, 살아 있음을 느낄 수 있는 일을.

한겨울 이른 새벽 나는 동해안으로 차를 몰았다. 아무도 없이 혼자서 칼바람 부는 겨울 바다를 찾았다. 세 시간을 넘게 달려가며 내내 행복했다. 수평선 너머 떠오르는 시뻘건 해를 보자 울컥했다. 그리고 이내 환호했다. 태양을 가슴으로 받아 온몸으로 전달했다. 그 순간 나는 내가 되었다.

아침을 먹고 다시 차를 운전해 카페로 갔다. 함께 가져간 책들을 꺼내놓고 천천히 읽었다. 댄 자드라의 〈파이브〉와 구본형의 〈그대, 스스로 고용하라〉를 읽었다. 책을 읽으며 내 인생 '비전 보드(Vision Board)'를 만들었다. 원하는 스타일, 원하는 일을 상상하며 내 인생의 비전과 미션(Mission)을 생각했다. 단순히 버킷리스트를 작성하는 것과는 다른 것이었다. 원하는 모습의 삶을 살기 위해 어떤 준비가 필요한지 구체적으로 차근차근 상상했다. 내가 살고 싶은 삶을 상상하는 것만으로도 매우 설렜다. 마치 그 삶에 가까이 다

가간 것처럼 행복했다.

비전 보드를 만드는 건 무조건 할 수 있다고, 될 수 있다고 덮어놓고 믿는 게 아니다. 그저 좋다는 걸 나열하는 것도 아니다. 오랫동안 염원했던 것, 생각하면 가슴이 뛰는 것, 다른 사람이 그린 삶을 옮기는 게 아니라 자신이 진짜 바라는 삶을 형상화하는 작업이다. 세세하게 묘사할수록 자신이 어떤 삶을 바라며 어떤 사람이 되고 싶은지 직관적으로 알 수 있다. 비전 보드를 작성하면서 그동안 스스로 규정한 삶이 실은 착각이고 오해였다는 사실을 발견했다. 마음이 가벼워졌다.

가능하다면 지금 당장 혼자만의 시간을 보낼 수 있는 곳으로 가자. 노트북을 꺼내도 다이어리를 펼쳐도 혹은 스케치북을 펼쳐도 좋다. 자신이 살고 싶은 삶의 모습을 글로 그림으로 표현해보자. 그리고 이유도 함께 적어보자. 자신이 바라는 삶을 살기 위해 나는 어떤 모습이어야 하는지 적어보자. 되고 싶은 내가 그려지면 지금 나는 그것을 위해 무엇을 해야 하는지 혹은 무엇을 하지 말아야 할지 구체적으로 기록하자. 할 수 있는 한 최대한 세세하게 구체적으로 표현하자. 오로지 본인이 생각하고 상상한 모습만을 담아내자.

누구에게 보여줄 필요도 말할 필요도 없다. 자신만 기억하면 된다. 시간이 흘러 상상에 상상을 더해도 좋다. 오직 자신에게 집중한 상상이어야 한다는 것만 기억하자.

우리는 너무 쉽게 타인의 삶에 개입하고 또 개입을 허락하지만 그건 어디까지나 훈수에 불과하다. 자신의 삶에 훈수를 두는 사람은 없다. 훈수에는 책임이 없기 때문이다. 한두 마디 툭 던지고 '아니면 말고' 하는 식의 훈수를 우리의 인생에 허락해서는 안 된다. 인생을 두 번 사는 사람은 없다.

인생을 사는 건 정해지지 않은 역사를 새로 쓰는 과정이다. 내가 꿈꾸는 삶, 나의 세상은 누구도 아닌 스스로 창조해 낼 수 있어야 한다. 어떤 모습의 삶을 상상하든 그건 각자의 몫이지만 운이 좋으면 상상 이상의 자신을 만날 수도 있다.

이제부터는 상상을 통해 만든 내 삶의 모습을 일상의 조각칼로 다듬어가야 한다. 상상을 현실로 이루기 위해 일상을 쓰다 보면 누군가 만들어놓은 보통의 삶 대신 내가 원하는 비범한 삶을 살게 될 것이다.

08

이토록 소중한
내 인생이다

"나이가 들어 얼굴에 주름이 가는 건 괜찮은데
아침에 일어날 때마다 몸이 아픈 게 슬퍼."

아무리 기대수명이 길어져 중년도 청춘이라 한다지만 세월의 시간 앞에 속수무책으로 무너지는 육체의 한계는 노화를 실감하게 한다. 애 둘을 낳고 정신없이 지내다 보니 어느덧 40대 중년이 되었다. 한번 누우면 아침까지 세상모르고 자던 내가 새벽에 일어나 화장실을 찾고, 작은 소리에도 쉽게 잠에서 깨어 다시 잠들지 못한다. 아침에 일어날 때면 나도 모르게 앓는 소리를 내고 관절 마디마디마다 아프지 않은 데가 없다. 언제 이렇게 시간이 흘렀는지 무섭기도 하다.

육체적 노화야 자연의 순리(順理)라 여기며 그나마 받아들이겠는데 삶 전체가 헛헛하게 느껴지는 건 왠지 내 잘못 같아 부정하고 싶어진다. 자기 삶에 애착이 없는 사람이 있을까? 본인만큼 자신의 삶이 소중한 사람이 또 있을까? 그런데도 정작 진짜 자기 인생을 사는 이가 드물다는 사실은 피하고 싶은 노화처럼 인정하고 싶지 않은 잔인한 진실이다.

학부 때 중국어를 전공했다. 월등하게 어학적 재능이 있거나 실력이 있었던 건 아니지만 외국어를 배우고 가르치는 게 즐겁고 재밌었다. 생각지도 않던 경찰이라는 직업을 갖게 된 것도 중국어와 관련이 있었기 때문이다. 물론 직업이 주는 안정감도 무시할 수 없었다. 임용고시에 합격할지 어떨지 불확실한 상황에서 해양경찰을 택한 건 지극히 현실적인 선택이었다.

하지만 바다, 함정 같은 낯선 환경과 이제껏 경험해본 적 없는 경직된 조직문화 속에서 나는 이방인의 느낌을 꽤 오래 가지고 지냈다. 씩씩한 척 보였지만 자주 상처 받았고 한 번도 받아본 적 없는 무시와 하대로 자존심이 상하는 일도 많았다. 맡은 일은 열심히 했지만 일의 즐거움이나 성취감은 부족했다. 삶은 안정됐지만 마음은 불편했다. 일상의 대부분을 보내는 직장에서 나는 불행했다. 가슴은 우는데 얼굴은 웃었다. 이렇게 계속 지내야 한다고 생각하니 나 자신이 무척 불쌍하게 여겨졌다. 떠날 수 없으니 내가 달라져야 했다. 책을 읽고 강연을 듣고 직장 밖 사람들을 만나며 삶의 모습이 꼭 하나가 아닐 수도 있다는 걸 알게 되었다.

아주 특별한 사건이 있었던 건 아니다. 계급사회에서 어느 정도 감수해야 했던 불만일 수 있다. 그런데 참지 못하고 폭발해버렸다. 상대가 특히 더 지독했기 때문일까. 아니면 내가 참을 수 없는 어떤 부분을 상대가 건드렸기 때문일까. 그저 불합리하다고 여기면서도 그냥 넘길 수 없었던 건 아마도 내가 이전보다는 조금 '숙성'된 상태였기 때문일 것이다. 지금까지처럼 지낸다면 앞으로도 인생의 절반 이상을 머무는 이곳의 삶이 불행할 것 같았다. 그건 절반의 불행이 아닌 어쩌면 내 인생 전체로 번질지 모르는 '염증' 같은 것이다. 아프긴 해도 버티면 버텨지겠지만 그대로 두면 암세포로 변해 언젠가 내 생명을 위협할 수 있는 잠재적 위험인자 말이다. 면역력을 길러야 했다. 외부의 공격에도 언제든 나를 지켜낼 수 있게.

인생은 각자의 시공간 안에 존재하는 실체적 진실이고 그 자체로 의미다. 누군가 서열을 매길 수 있는 대상이 아니다. 타인이 이래라저래라 할 수 있는 성질의 것이 아니란 뜻이다. 명확하게 설명할 수 없지만 답답하고 억울했다. 한창 오르고 보니 '뭐야? 이 산이 아니잖아?' 같은 기분이랄까. 나보다 먼저 인생을 산 선배들은 알고 있을 줄 알았다. 책과 강연을 통해 그리고 사람들을 만나 인생의 참된 의미는 도대체 무엇인지 물었다. 누군가는 명쾌하게 답을 해줄 수 있다 믿었다. 다들 맞는 말을 했지만 서로 다른 말을 했다. 스스로 찾는 수밖에 없었다.

내게는 '두발자전거'가 필요했다. 먹고사는 문제를 해결하는 앞바퀴와 내가 행복하다 느낄 수 있는 뒷바퀴, 나뿐만 아니라 다른 이들도 두발자전거가 필요했던 모양이다. 자기계발을 하면서 만난 사람들은 나와 비슷한 심정을 토로했다. 인생은 앞바퀴만 가진 외발자전거로는 채워지지 않는 '무엇'이 필요한 것 같다. 그것이 내게는 새로운 정체성, 어쩌면 진짜 정체성이다. 나를 설명할 수 있는 무엇, 내가 기쁨을 느낄 수 있는 그 무엇을 찾고자 애썼고 드디어 찾았다!

글을 쓰는 동안 사유의 지평이 넓어지며 뭔가를 깨달아가는 일련의 과정이 내겐 더없이 기쁘고 즐겁다. 읽고 쓰고 말하는 행위가 내게는 가장 쾌락적이며 스스로 삶의 의미를 조망할 수 있는 여백을 만든다. 대중의 관심과 사랑을 받는 유명인의 인생처럼 화려하고 돋보이는 인생을 꿈꾸었던 적도 있다. 남들이 알아주고 인정해주고 우러러봐주는 게 성공한 삶이라 여기기도 했다. 그런데 이런 인생 역시 그렇지 않은 삶과의 비교에서 비롯된 것이다. 화려하지 않고 돋보이지 않아도, 알아봐주는 이 없고 우러러보지 않아도 인생은 그 자체로 각자에게 의미가 있어야 한다.

아직 인생이 이렇다 저렇다 말할 수 있는 수준의 사람은 아니지만, 인생은 그렇게 비교해 평가할 수 있는 게 아니라고 감히 말해본다. 삶의 가치를 어디에 두는지 자기 삶의 의미를 어디서 찾는지, 화려하거나 돋보이지 않아도 그 삶의 당사자에게는 충분히 가치 있는 삶일 테니 말이다.

우리는 지구라는 같은 행성에 살며 시공간을 공유하는 공동 운명체지만 모두 별개로 빛나고 있는 온 우주에 존재하는 각각의 세상이다. 내가 나로서 존재하고 나로서 살아감을 느낄 때 비로소 더욱 빛날 수 있는 세상이 된다. 나답게 살고 싶은 욕망을 실현하기 위해 고군분투하며 깨달은 사실은 우리 모두 그렇게 살 수 있다는 것이었다. 더 많이 배우고 더 많이 가져서가 아니라 누가 더 자신의 삶에 깊숙이 관여하느냐, 얼마나 중심을 잡고 사느냐에 따라 말이다.

　외부의 무엇에 흔들리지 않고 나의 내면 깊은 그곳에 중심을 잡아 온전히 내 삶을 살고자 한다. 그래서 어느 곳에 자리하든 단단한 내가 우뚝 서 있길 바란다. 이따금 바람이 불어와 나를 흔들 때도 바람결에 리듬을 탈 수 있을 정도의 유연한 단단함을 가진 사람이 되고자 한다. 비록 세월 앞에 젊음의 아름다움은 내어줘도 나와 다른 이의 욕망을 구분할 줄 아는 지혜와 진정으로 자신이 주도하는 당당한 인생을 살아가는 성숙한 어른으로 도약하길 바라본다.

09

이건 꼭 해라!

 3년간 지독하리만큼 스스로 업그레이드하고자 노력했다. 나를 둘러싼 환경을 바꿀 수 없다면 내가 변할 수밖에 없다고 결심했다. 그러면서도 정작 무엇이 더 나은 나인지 알지 못했다. 고무되었다 실망했다 열의를 불태웠다 낙담하기를 반복했다. 다행히 설익었던 내가 조금씩 영글어져 가는 숙성의 과정에서 '나'를 위한 자기계발을 찾을 수 있었다. 수많은 시행착오를 거쳐 현재 내가 활용하는 자기계발 방법을 정리하면 다음과 같다. 정답은 아니며 지극히 개인적인 경험에 기반을 두었다. 여기서 나를 위한 자기계발이란 인풋과 아웃풋의 균형을 통한 성장이다. 성과 없는 투자는 스스로는 물론 주변 사람들까지 지치게 할 뿐이다. 나는 독서, 강의, 취미, 글쓰기와 시간 관리를 인풋과 아웃풋의 수단으로 활용한다.

Input: 독서, 강의, 취미

☑ **독서**

어떤 책을 어떤 자세로 읽느냐에 따라 독서는 삶의 자양분이 되기도 하고 돈이 되기도 한다. 최근 나는 문학이나 소설책을 많이 읽는다. 당장 돈이 되는 독서는 아니지만 읽기가 비로소 유희가 되고 인생의 등대가 되는 장르가 문학이기 때문이다.

동기부여나 습관에 관한 책은 읽지 않는다. 하지만 이제 막 자기계발을 시작한 이들이라면 세 권 이내로 읽어보길 추천한다. 동기부여나 습관에 관한 책은 대개 두 번 이상 읽지 않으니 도서관에서 빌려 봐도 좋다. 많이 읽을 필요 없다. 실제로 얼마나 적용하고 실천하느냐가 중요하다.

독서는 자기계발을 하는 이들이 가장 많이 하는 분야다. 가장 많은 시간을 투자하지만 뚜렷한 성과 없이 읽기만 하는 이들이 적지 않은 것도 사실이다. 책은 목적과 용도를 고려하여 선정하되 서재에 아직 읽지 않은 책이 있다면 즉시 구매하지 않고 장바구니에만 담아놓는다. 책 쇼핑을 하는 이들이 많은데 매달 도서 구매 한도를 정해놓는 것도 유용한 방법이 될 수 있다.

평소 본인이 책을 읽는 목적과 읽을 수 있는 시간을 고려한 후 책의 장르와 분량을 정하길 권한다. 먼저 자신이 한 시간에 몇 페이지를 읽을 수 있는지 확인해본다. 내 경우 집중해서 한 시간 독서를 할 때 60페이지쯤 읽는다. 책 한 권이 300페이지라고 한다면 매일 한 시간씩 5일이면 한 권을 읽을 수 있다는 계획을 세울 수 있다. 더불어 자신이 책 읽을 시간을 언제 얼마나 확보할 수 있는지 알아야 한다. 짬이 날 때마다 낱장 독서를 하는 것도 좋은 습관이지만, 책의 내용을 음미하고 내 삶에 어떻게 적용할지 고민하는 시간을 갖는 게 더 중요하다.

☑ 강의

강의를 선택할 때는 더 많은 주의가 필요하다. 경제적 측면에서 보더라도 시간과 비용이 독서보다 훨씬 많이 든다. 세상엔 좋은 강의가 너무나 많다. 책을 읽는다고 책 속에 지식이 모두 내 것이 되는 게 아닌 것처럼 강의 역시 들었다고 전부 이해되지 않는다.

내 경우 단편적인 정보나 아이 교육 관련 강의는 혼자 밥을 먹거나 설거지를 하는 자투리 시간을 활용해 듣는 편이다. 동기부여 강연은 스스로 나태해졌다고 느낄 때가 아니면 잘 듣지 않는다. 글을 쓰다 막힐 때 관련 영상을 찾아보기도 한다. 강의는 관심 주제에 대한 다양한 견해를 참고할 때 활용하면 좋다. 재테크 강의처럼 목적이 분명한 강의라면 이것저것 듣기보다 강의 하나가 완전히 끝나고 실전 적용을 해본 후 다른 강의를 시작한다. 듣고 싶어도 의도적으로 참는 편이다.

☑ **취미**

나는 자기계발을 하기에 앞서 자기관리가 먼저라고 주장했다. 자기관리를 위해 더 선행해야 할 게 있는데 바로 '자기이해'다. 자기에 대한 이해 없이 우리는 자신을 관리할 수 없다. 자신의 기질, 성향, 성격, 강점, 약점 등을 정확히 알고 그것을 수용하고 활용할 수 있을 때 스스로에 대한 주도권을 가질 수 있다. 자기이해 — 자기관리 — 자기계발로 이어지는 맥락 속에 자기정체성을 확립하고 나아가 자신을 확장시킬 수 있다.

그런 의미에서 취미는 자신을 이해하는 매우 유용한 수단(Tool)이자 삶의 기폭제가 된다. 당장은 쓸모가 없어 보이는 일이라 해도 그 일을 통해 자신의 오감을 자극하고 그래서 자신의 감각이 안[自我]으로 수렴할 때 각자의 삶은 한결 풍성해진다.

취미는 한결같지 않다. 새로운 끌림은 언제든 나를 다른 곳으로 데려간다. 내 마음과 감각이 원하는 곳으로 말이다. 어느 날 문득 그림이 그리고 싶어졌다. 뜬금없이 남편에게 그림을 그리고 싶다고 말했다. 물끄러미 나를 바라보는 그의 눈빛이 '이번에는 그림이야?'로 읽혔다. 나도 그도 '풋' 하고 웃음이 나왔다. 대뜸 그렇게 말해놓고 나 역시 왜 갑자기 그림이 그리고 싶어졌을까 생각했다.

중학교 1학년 때다. 약 1년 동안 미술학원에 다녔다. 매일 밤늦은 시간까지 미술학원에 남아 그림을 그렸다. 처음 소묘를 시작할 때 4B연필의 감촉이 참 좋았다. 무수히 선을 그었고 선의 방향을 미세하게 틀어 명암을 표현했다. 뭉개질 듯 말 듯 번져가는 연필의 촉감이 여전히 손끝에 남아 있다. 수채화를 배울 때는 물감의 배합이 재미있었다. 사물의 보이는 색이 전부가 아니라는 선생님의 말씀이 아직도 기억난다.

그때 감각이 어느 날 나를 찾아왔을까? 생각해보니 그림을 그리는 동안 나는 매우 몰입했었다. 주변의 소리도 들리지 않았다. 내 그림과 물감과 붓의 터치에 집중했다. 흰 도화지가 내가 만든 물감의 배합으로 옷을 갈아입을 때, 마치 대단한 작품이 탄생하는 듯한 황홀함을 느꼈다. 내 손끝 붓 터치로 하나의 세상이 만들어진다는 기쁨이 컸던 것 같다. 아마도 그림을 그리고 싶어진 건 글을 쓰면서 느낀 해방감과 자기 몰입감의 감각이 살아난 덕분이 아닐까 싶다. 글이건 그림이건 나를 통해 만들어진 세상에서 나는 자유롭기 때문이다.

독서, 강의, 취미 이 세 가지 인풋 중 1순위를 꼽으라면 나는 취미를 선택하겠다. 시대의 기류에 편승한 취미가 아닌 오로지 내 마음이 끌리는 그것, 내 감각이 살아나는 그것을 자주 접하고 즐기기를 원한다. 그 속에서 나를 더 느끼고 들여다보길 바란다. 그런 시간이 많으면 많을수록 우리는 더 나답게 지금을 누릴 수 있게 된다.

Output: 글쓰기, 시간 관리

☑ 글쓰기

아웃풋의 수단으로 글쓰기를 꼽은 건 글이 가진 객관성 때문이다. 독서나 강의를 통해 수많은 지식과 정보가 입력되고 그로 인해 내적 동기가 발현되었다 치자. 그래서 내 삶이 변했는가? 무엇이 어떻게 변화했는가? 막연히 무언가 알게 되고 깨달은 좋은 느낌 말고, 책을 읽고 강의를 듣기 전과 비교해 무엇이 얼마나 바뀌었으며, 그 결과 어떻게 좋아졌는지 구체적으로 나타낼 수 있어야 한다. 그리고 그 수단은 말이 아닌 글이어야 한다.

인간은 기록을 할 수 있는 유일한 생명체다. 어쩌면 쓰는 행위는 인간의 고유한 특권이자 숙명일지 모른다. 나는 자기계발의 모든 과정을 기록해야 한다고 생각한다. 책을 읽고 서평을 남기고, 강의를 듣고 후기를 쓰는 것이다. 하지만 단순히 '이것을 읽었다, 들었다'로 끝나서는 안 된다. 읽고 들은 것 중 무엇을 어떻게 내 삶에 적용했으며 그 효과는 어떠했는지 계량하여 글로 남겨야 한다. 예를 들면 이런 것이다.

건강에 관한 책(강의)을 읽었다(들었다).	
책(강의)을 읽고(듣고) 나서 운동을 꾸준히 해야겠다 다짐했다.	책(강의)을 읽은(들은) 후 나는 매일 5km 걷기를 결심했다. 일주일 동안 5km씩 걸었더니 허리 통증이 줄어들었고, 체중이 500g 감소했다.
×	○

숫자는 결과와 느낌을 객관적으로 드러나게 한다. 무조건 책을 많이 읽고, 강의를 많이 들어도 진정한 자기계발이 되지 않는 이유를 알아야 한다. 글로 기록한다는 건 자기계발의 가장 기본적인 아웃풋 방법이다.

진정한 자기계발을 위해서는 객관적인 기록 이상의 글쓰기가 필요하다. 글쓰기는 자기이해를 돕는 가장 유용한 수단이며 자신만의 콘텐츠를 만들어가는 가장 확실한 방법이다. 자신의 자기계발 목적을 생각해보자. 건강, 경제적 자유 등 이유는 다르지만 결국 우리는 자기다움을 통한 자유를 추구한다. 자유롭고 풍요로운 삶을 위해 각자가 추구하는 가치와 조건이 다를 뿐이다. 글쓰기는 삶의 태도와 방향을 직관적으로 나타내는 지표로 삼을 만하다.

그렇다면 자기계발을 위한 글쓰기를 위해 우리는 어떻게 해야 할까? 수시로 떠오르는 아이디어를 관리해야 한다. 봉준호 감독은 "가장 개인적인 것이 가장 창의적이다"라고 말했다. 나의 개인적인 아이디어는 어쩌면 가장 창의적인 나만의 콘텐츠가 될 수 있다. 요즘처럼 누구나 콘텐츠를 생산하고 유튜브와 같은 플랫폼을 이용해 유통할 수 있는 세상에서는 나만의 콘텐츠를 보유하는 것이 자기계발의 진짜 결과물이 될 수 있다.

그러기 위해 자신의 일상을 자세히 관찰하는 습관을 길러야 한다. 나는 글의 소재를 일상에서 찾는 편이다. 글감이 떠오르거나 좋은 문장이 생각나면 핸드폰 메모장에 바로 적어둔다. 생각나는 문장이 많으면 녹음을 하기도 한다. 갑자기 떠오른 아이디어 역시 핸드폰 메모장을 사용한다. 별도의 앱을 사용하지는 않는다. 인용하고 싶은 책의 구절이나 참고할 자료의 양이 많은 경우 나만 볼 수 있는 비공개 카페에 저장해둔다. 예를 들면 독서, 습관, 동기부여, 성공, 글쓰기, 자녀교육, 재테크 등의 카테고리로 구분해 저장한다. 이렇게 하면 찾아보기가 한결 수월할 뿐 아니라 기기 용량 제한 없이 사용할 수 있다.

☑ 시간 관리

나의 자기계발 최종 목적은 '자유로움'이다. 그것이 경제적 자유든 시간의 자유든, 나는 내 삶의 통제권을 스스로 쥐고 싶다. 다양한 인풋 수단으로 얻은 결과물인 시간을 타인이 아닌 나를 위해 쓴다. 바쁜 일상에서조차 내가 하고 싶은 일을 할 수 있는 물리적 시간을 확보하고 이를 즐긴다. 시간이 없어서 무엇을 하지 못한다는 말은 그 일이 그렇게까지 절실히 하고 싶지는 않다는 말이기도 하다.

내가 새벽 기상을 사랑하는 이유가 여기에 있다. 새벽 기상을 해본 사람들은 알겠지만, 이 시간은 타인의 방해가 물리적으로 불가능한 시간대다. 따라서 자기만의 세계에 집중할 수 있다. 글을 쓸 수도, 책을 읽을 수도, 운동을 할 수도 있다. 스스로 선택하고 집중할 수 있는 시간을 확보한다는 건 진짜 자기 삶을 살고 있다는 의미이다.

나는 시간을 관리하기 위한 플래너로 '3P 바인더'를 사용한다. 시간의 예산(계획), 결산(실행)이 가능하고 시간의 성격을 색깔별로 나타낼 수 있어 직관적이다. 특히 계획과 실행이 일치하지 않을 때 원인을 파악하기 쉽다. 계획은 3일 단위로 미리 세우고 일요일에 주간 결산을 한다. 현재 해빗 트래커는 활용하지 않는다. 기억력이 좋지 않아 거의 모든 일정을 핸드폰에 입력해 알람 설정을 해둔다. 그 밖의 유지해야 할 습관은 루틴으로 만들어 체화하는 게 가장 바람직하다.

참고로 앞에서 언급한 비전 보드 작성 방법을 소개하자면 다음과 같다. 흰색의 종이 한 장을 준비한다. 크기는 상관없지만, A4보다 작으면 시인성이 떨어진다. 잡지나 신문이 있으면 거기서 본인이 생각하는 것과 비슷한 이미지를 찾아서 오려 붙이면 된다. 집에 프린터기가 있다면 인터넷에서 찾은 이미지를 삽입해 출력한다. 내 경우 A4로 출력해 책상 앞에 붙여두었다. 말했지만 언제든 수정할 수 있다.

위에서 언급한 다섯 가지는 특별한 게 아니다. 개인적인 경험을 바탕으로 현재 내가 실천하는 자기계발을 적었다. 최대한 하지 않고 사지 않으려 노력한다. 의도적으로 자제하지 않으면 또 정신없이 무언가 일을 벌일 수 있기 때문이다. 자칫 어른들의 사교육 시장처럼 변해버린 자기계발 시장에서 중심을 잡고 나로서 당당히 살아가기 위해 독자 스스로 자신을 위한 자기계발에는 어떤 게 있는지 진지하게 고민해보길 바란다.

에필로그

막상 하고 싶은 말들을 지면에 옮기고 보니 진심으로 부끄러운 생각이 듭니다. 책을 쓴다는 건 오랜 시간 저에게 꿈이었습니다. 그렇지만 책을 쓴다는 게 그저 제 오랜 소망을 이루기 위함만은 아닙니다. 길게 산 인생은 아니지만, 그동안 깨달은 제 삶의 생각들이 누군가에게 도움이 되길 바라는 진심으로 썼습니다.

어느 날 갑자기 사춘기 성장통처럼 시작된 '마흔 앓이'가 당황스러웠습니다. 실은 저는 사춘기도 새삼스럽지 않게 지나갔거든요. 그래서일까요? 인생에서 반드시 짚고 넘어가야 할 가장 중요한 문제를 이제야 부딪쳐 풀어봅니다.

'나답게 살고 싶다.'
'어떻게 살아야 할까?'

말로만 떠들었지 제대로 고민해본 적이 없습니다. 제대로 고민하기 위해 시작한 자기계발에서조차 한참을 헤맸습니다. 주위를 돌아보니 서 말고도 방황하는 이들이 많다는 걸 알게 되었습니다. 그래서 용기를 내어 글을 쓰기로 했습니다. 너무 아까운 시간이잖아요. 정말 소중한 내 인생인데.

저에겐 두 아들이 있습니다. 아직은 어려서 부모의 안내가 필요하겠지만 아이들이 자신의 인생에서 스스로 방향을 잡고 살아가길 바랍니다. 그들이 저처럼 너무 긴 시간 방황하지 않길 바라는 마음으로 썼습니다. 엄마 책이 나오면 1번으로 읽겠다는 큰아들에게 부끄럽지 않은 책을 쓰고자 노력했습니다. 그런데도 하고 싶은 말을 다 담을 수 없었음을 고백합니다.

둘째 아이는 진심으로 자기가 지구별, 그중에서도 우리 집을 선택해 행복을 찾아왔다고 믿습니다. 여러분도 우리가 우주에서 반짝반짝 빛나는 소중한 존재이며 행복을 위해 지구별에 왔다는 걸 꼭 기억하면 좋겠습니다. 저처럼 자기계발에 지나치게 매몰돼 자신을 소진하지 않길 바랍니다. 자기계발은 행복한 내 삶을 살기 위한 하나의 징검다리가 되어야 합니다. 저의 이런 경험이 여러분에게 도움이 되길 진심으로 바랍니다.

우리 모두 건강한 자기계발로 매일 성장해가면 좋겠습니다.

끝으로, 언제나 무한한 사랑으로 하고 싶은 거 다 하라며 지지와 용기를 주는 남편에게 가장 고맙습니다. 엄마가 끊임없이 일을 벌여도 투정 대신 호기심으로 바라봐주는 아들들 사랑합니다. 뭐든 할 수 있다고 응원해주는 가족들 고맙습니다. 그리고 글이 책이 될 수 있도록 도와주신 '책과 강연'의 이정훈 대표님 진심으로 고맙습니다.